내 마음의 거울 마리아

ANSELM GRÜN
BILDER VON MARIA

© 2006, Kreuz Verlag, Stuttgart, part of Verlagsgruppe Dornier GmbH
© Kreuz Verlag, Stuttgart, part of Verlag Kreuz GmbH, Germany
All rights reserved.

This translation of BILDER VON MARIA first published in 2006 by Kreuz Verlag, Stuttgart, part of Verlagsgruppe Dornier GmbH is published by arrangement with the current rights holder Kreuz Verlag, 70565 Stuttgart, part of Verlag Kreuz GmbH.

Translated by YOON Sun-Ah
Korean translation copyright © 2011 by Benedict Press, Waegwan, Korea

내 마음의 거울 **마리아**
2011년 10월 초판 | 2016년 10월 3쇄
옮긴이 · 윤선아 | 펴낸이 · 박현동
ⓒ 분도출판사
등록 · 1962년 5월 7일 라15호
39889 경북 칠곡군 왜관읍 관문로 61
출판사업부 · 전화 02-2266-3605 · 팩스 02-2271-3605
인쇄사업부 · 전화 054-970-2400 · 팩스 054-971-0179
www.bundobook.co.kr
ISBN 978-89-419-1115-9 03230
값 12,500원

이 책의 한국어판 저작권은
Kreuz Verlag과 독점 계약한 분도출판사에 있습니다.
저작권법에 의해 한국 내에서 보호를 받는 저작물이므로
무단 전재와 무단 복제를 금합니다.

안셀름 그륀 지음
윤선아 옮김

내 마음의 거울
마리아

분도출판사

차례

들어가며 • 6

1 믿음의 인간 • 12
2 하느님의 어머니 • 18
3 원죄 없는 잉태 • 23
4 성모승천 • 29
5 어머니 같은 하느님의 얼굴 • 36
6 거울 • 41
7 피조물의 아름다움과 치유력 • 45
8 생명의 샘 • 50
9 지극히 거룩한 여인 • 55
10 인도자 • 61
11 자비의 성모 • 67
12 다정히 입 맞추는 마리아 • 72
13 승리의 마리아 • 76
14 젖을 먹이는 마리아 • 80
15 반항적인 젊은 처녀 • 85
16 모후 • 90
17 보호 외투의 마돈나 • 96
18 이삭 무늬 옷의 마돈나 • 101
19 초승달의 마리아 • 105
20 피에타 • 109

21 고통의 어머니 • 116
22 지혜의 자리 • 122
23 검은 마돈나 • 127
24 불타는 떨기 • 133
25 하늘의 문 • 139
26 마리아와 유니콘 • 145
27 황금 궁전 • 149
28 신비로운 장미 • 153
29 하느님의 계약 궤 • 160
30 죄인의 피신처 • 163
31 근심하는 이의 위안 • 166
32 병자의 나음 • 172
33 바다의 별 • 176
34 견고한 다윗 탑 • 180
35 헌신의 잔 • 184
36 정의의 거울 • 186
37 닫혀진 정원 • 188
38 관상하는 여인 • 193
39 여성에게 마리아는 • 198
40 남성에게 마리아는 • 204

맺으며 • 210
참고문헌 • 214

들어가며

이십 년 전에는 마리아에 대해 글을 쓰려면 여러 사람을 고려해야 했다. 마리아 공경으로 힘을 얻는 사람도 있었지만, 상처받는 사람도 있었다. 지금은 마리아에 대해 의심을 품는 사람이 줄었다. 요즘 사람들은 예전 사람들이 마리아를 어떻게 체험했는지 전혀 알지 못한다. 그저 동서 교회의 마리아 공경 전통에 어떤 영적 지혜와 체험이 담겨 있는지 궁금해할 따름이다. 그래서 나는 예술과 전례와 민간신앙으로 전승된 마리아 표상을 살펴보고, 이를 통해 우리의 영성 생활을 풍요롭게 하는 것으로 이 책의 범위를 한정하고자 한다. 하지만 마리아 표상 하나하나를 묵상하기 전에 마리아에 대한 몇 가지 신학적 관점을 언급하고자 한다. 마리아 표상을 올바르게 조명하는 데 도움이 될 것이다. 신학과 전례는 마리아를 세 가지 관점에서 바라본다.

라파엘로(1483~1520), 「그란두카의 성모」, 피렌체 피티 궁전

첫째, 마리아는 신앙의 원형이자 모범이고 예수 제자의 원형이다. 중요한 것은 마리아를 높이 떠받드는 것이 아니라, 나자렛의 순박한 처녀를 깊이 묵상해서 그 처녀가 하느님을 어떻게 받아들였는지 헤아리는 것이다. 마리아를 도덕적 모범으로 내세우면 자칫 우리 뜻대로 곡해할 위험이 있다. 마리아는 도덕의 모범이 아니다. 하느님에게 마음을 열고, 그분의 말씀을 경청하여, 그 말씀으로 잉태되고 열매 맺는 모습을 보여 주는 신앙의 모범이다. 우리는 마리아를 바라보며 마리아처럼 하느님을 믿고 섬기는 법을 배운다. 마리아는 우리에게 용기를 북돋아 하느님과 함께하는 모험을 감행하게 한다.

둘째, 마리아는 하느님의 모성을 드러낸다. 마리아는 여신이 아니라 역사에 실재했던 나자렛 출신의 여인으로 하느님이 당신 아들의 어머니로 선택하신 분이다. 그런데 우리는 마리아에게서 어머니 같은 하느님의 얼굴을 본다. 우리는 마리아를 찬양함으로써 우리에게 그토록 가까이 오신 하느님의 신비를, 즉 그분께서 여인의 몸에서 나시어 우리를 위해 사람이 되신 신비를 노래한다. 특히 동방 정교회 전례에서 마리아 찬양은 항상 하느님께서 예수 그리스도의 몸으로 사람이 되셨음을 노래한다. 결국 마리아 찬양은 하느님께서 마리아에게서 시작하신 강생과 구원의 신비를 시적이고 유희적으로 채색하는 일이다. 한 개인에 대한 찬양이라기에는 마리아를 찬미하는 표상이 너무 고귀해 보일 수도 있다. 그렇지만 어머니처럼 다정하고 자애로운 하느님에 대한 표상으로 본다면 그분의 여성적인 측면이 눈에 들어온다. 그리고 이러한 표상을 통해 인간적이며 인간에게 어지신 하느님, 우리를 돌보고 사랑으로 감싸시는 하느님이 당신 모습을 드러내신다. 마리아는 여신이 아니다. 간혹 여성신학은 마리아를 모신母神과 비슷한 존재로 내세우곤 한다. 우리는 마리아가 여신 숭배로 표현된 사람들의 갈망을 충족시키기도 했지만, 다른 차원으로 올려놓기도 했다는 사실을 늘 명심해야 한다.

셋째, 마리아는 구원된 인간의 전형이다. 우리는 마리아를 찬양하며 예수 그리스도를 통한 구원의 신비 또한 찬양한다. 그리스도를 받아들인 인간에게 일어나는 변화가 마리아에게서 분명히 드러난다. 바로 낙관적 인간상인데, 마리아에게서 이 변화가 빛을 발한다. 마리아를 항상 시로 표현하는 것을 보면 이 사실을 분명히 알 수 있다. 여기에서 인간의 신비는 추상적 개념으로 설명되는 것이 아니라, 표상을 통해 밝게 빛난다. 우리는 마리아 표상에서 자신을 본다. 우리는 마리아에게서 자신이 누구인지 깨닫는다. 그리고 마리아에게서 참된 인간이 되는 길을 발견한다. 마리아 표상은 희망의 표상이다.

우리는 마리아 표상에서 '자기 됨'의 목표에 도달하리라는 희망과 하느님께서 만드신 대로 온전한 남성과 여성이 되리라는 희망을 발견한다. 마리아는 영성의 길의 목표를 보여 준다. 교부들에게 마리아는 신비주의의 원형이었다. 하느님께서는 우리 안에서 태어나고자 하신다. 이렇게 하여 마리아는 하느님께서 우리에게 아주 가까이 오신다는 것과 우리의 가장 큰 존귀함, 즉 우리가 이 세상에서 하느님이 머무르시는 곳이라는 것을 보여 준다.

　이제, 이 세 가지 의미에서 동서 교회의 마리아 공경 전통과 시적 신학과 예술에서 만난 마리아 표상을 하나하나 살펴보고자 한다. 독사는 이 표상들에 마음을 열기만 하면 된다. 모든 표상이 마음에 닿지는 않을 것이다. 어떤 표상은 자신의 여성성이나 남성성이 지닌 풍요로움을 발견하도록 호기심을 자극할 것이고, 어떤 표상은 반감을 불러일으킬 것이다. 반감이 일면 그저 지켜볼 일이다. 어린 시절 겪은 상처가 떠오르는가? 자신이 체험한 바와 달라서 저항하고 싶은 마음이 생기는가? 아니면 오래전부터 품고 있는 자기상과 이미 오래전부터 거부해 온 하느님상이 내면에서 꿈틀대는가? 우리는 마리아 표상 앞에서 방관자가 될 수 없다. 마리아 표상은 항상 우리와 어떤 관계를 맺고 있다. 우리는 우리 자신과 하느님을 어떻게 바라보는가? 예술과 전례와 민간신앙으로 전승된 마리아의 치유적 표상에 마음을 열 때 우리의 시각이 어떻게 바뀌는가? 마리아 표상은 이런 물음들을 우리에게 던질 것이다.

1. 믿음의 인간

복음사가 루카는 마리아를 믿음의 원형으로 묘사했다. 마리아는 천사가 전하는 소식에 순명했다. 하느님께 마음을 연 것이다. 이는 당연하게 볼 일이 아니다. 마리아의 소박한 방에 찾아온 천사를 거대하고 위압적이어서 엎드려 복종할 수밖에 없는 천사로 상상해서는 안 된다. 천사는 눈에 띄지 않는 모습으로 우리 삶에 나타날 수 있다. 예컨대 사람의 모습으로 나타나 하느님을 전하고, 온전히 그분에게 자신을 맡기고 싶은 갈망을 불러일으킬 수 있다. 또는 기도나 묵상을 할 때 솟아오르는 나지막한 충동으로 말을 걸기도 한다. 천사가 마리아에게 예수 탄생을 예고하는 장면을 예술가들은 마리아가 기도 의자에 앉아 있거나 무릎을 꿇고 성경을 읽는 모습으로 묘사했다. 마리아는 성경을 읽어 하느님께서 자신에게 원하시는 바를 분명히 깨달았다. 마리아의 위대함은 미지의 하느님에게 마음을 연 것이다. 이는 하느님의 뜻에 자신을 맡기는 모험이었다. 하느님에게 믿음으로 의탁할 준비가 되어 있는 사람을 그분께서 어디로 이끄시는지 마리아는 고통스레 체험했다.

민간신앙에서는 하루 세 차례 삼종기도를 올리며 '믿음의 인간' 마리아의 신비를 묵상했다. 사람들이 삼종기도에서 떠올리는 처음 두 장면은 루카 복음서(루카 1,26-38)에서 나온 것이다. 첫째 장면은 "주님의 천사가 마리아께 아뢰니 성령으로 잉태하셨나이다"이고, 둘째는 "주님의 종이오니 그대로 제게 이루어지소서!"이다. 두 장면의 핵심은 믿음의 신비와 예수 제자 됨의 신비다. 마리아는 천사의 소식에 마음을 열고 자신을 주님의 종이라 칭했다. 이스라엘도 주님의 종을 자처했지만, 말씀을 따르지 않았다. 예수의 복음과 하느님을 외면했던 것이다. 마리아는 동족을 대신해 그분의 뜻에 자신을 맡겼다. 그분의 말씀을 따를 준비가 되어 있던 마리아는 "그대로 제게 이루어지소서!"라는 말로 자신의 믿음을 드러냈다. 하느님의 말씀이 그대로 이루어질 때 어떤 일이 일어날지는 마리아도 알지 못했다. 그래도 그분의 전능을 믿었다. 나자렛의 순박한 처녀는 자신의 자의식과 신뢰를 고백했다. 그분께 자신을 온전히 의탁해서 동족의 과오를 바로잡을 수 있다고 믿었다.

수도원에서는 하루 세 번 종을 울리고 삼종기도를 바친다. 아침기도 전 다섯 시, 낮기도 전 열 두 시, 저녁기도 후 여덮 시에 마리아의 응답을 묵상하며 오늘 하루 하느님의 뜻에 나를 맡기는 믿음, 그분의 말씀이 내게도 이루어지게 하는 믿음을 마음 깊이 받아들인다. 오늘 내게 어떤 일이 일어날지는 나도 알지 못한다. 하지만 마리아와 함께 그분의 말씀에 마음을 열어서 삼종기도의 셋째 절 말씀을 신뢰하게 된다. "이에 말씀이 사람이 되시어 저희 가운데 계시나이다." 마리아처럼 하느님의 말씀을 받아들일 때, 말씀은 내 안에서도 사람이 되신다. 사람이 되신 말씀은 우리의 삶을 몸속 깊은 곳까지 변화시키신다. 우리에게서 발하는 빛은 하느님의 말씀으로 규정되고, 그렇게 해서 요한이 말한 하느님의 영광이 우리 내면에 빛난다. "말씀이 사람이 되시어 우리 가운데 사셨다. 우리는 그분의 영광을 보았다. 은총과 진리가 충만하신 아버지의 외아드님으로서 지니신 영광을 보았다"(요한 1,14).

루카는 마리아의 믿음을 다른 모습으로 묘사했다. 마리아는 자신에게 일어난 모든 일을 숙고하고 묵상했다. 루카는 아기 예수가 탄생하고 목자들이 경배한 다음 마리아가 어떻게 했는지 알려 준다. "마리아는 이 모든 일을 마음속에 간직하고 곰곰이 되새겼다"(루카 2,19). 고전 그리스어로 '곰곰이 되새기

단테이 게이브리얼 로세티(1828~1882), 「성모영보」, 런던 테이트 갤러리

프라 안젤리코(1390/95~1455), 「성모영보」, 마드리드 프라도 박물관

다'(symballein)라는 말은 본디 '함께 던져 넣다', '연결하다'라는 의미에서 나왔다. 마리아는 자신에게 일어난 모든 일을 서로 연결했다. 마리아는 모든 일의 의미를 이해하려고 노력했다. 자신이 겪은 일을 헤아려 보고 하느님께서 행하신 일을 되돌아봤다. 루카는 예수의 유년 시절 이야기를 이렇게 끝맺는다. "그의 어머니는 이 모든 일을 마음속에 간직하였다"(루카 2,51).

마리아는 자신과 자신의 주변에서 일어나는 모든 일을 하느님의 빛으로 바라보려고 노력했다. 바로 여기에 루카가 생각하는 믿음의 신비가 있다. 이해할 수 없는 일들은 마음속으로 이리저리 궁리해 보고, 숙고하고 또 숙고해야 한다. 그러다 보면 언젠가는 그 의미가 떠오르고, 하느님께서 우리를 위해 몸소 행하신 일이었음을 깨닫게 된다.

마리아처럼 믿는다는 것은 우리에게 무엇을 뜻하는가? 다름이 아니라, 우리에게 일어나는 일을 마음속으로 이리저리 성찰해 보라는 뜻이다. 하느님이 이 일을 통해 내게 무엇을 이야기하려 하시는가? 하느님이 나를 어디로 인도하려 하시는가? 목자들과 시메온을 통해 마리아에게 말씀하셨듯, 하느님은 우리가 만나는 사람들을 통해 말씀하신다. 또한 우리에게 일어나는 일들로 말씀하신다. 우리에게 일어나는 일들은 모두 깊은 의미가 있다. 믿는다는 것은 그 일들을 하느님의 뜻에 따라 이해한다는 것이다. 믿음은 세상을 아주 특별한 눈으로 바라보는 것이다. 또한 미지의 길로 우리를 인도하시는 하느님께 마음을 여는 일이다. 그 길에 무엇이 기다리고 있을지 우리는 알지 못한다.

2. 하느님의 어머니

에페소 공의회는 마리아에게 '하느님을 낳으신 분'(theotokos)이라는 칭호를 붙였다. 서방 교회에서는 '하느님의 어머니'라는 칭호를 즐겨 쓴다. 여기서 흥미로운 점은 마리아를 하느님을 낳은 여인으로 선포한 곳이 다름 아닌 에페소라는 사실이다. 고대 그리스인들은 에페소에서 여신 아르테미스에게 신전을 지어 바쳤다. 루카가 사도행전에서 전하는 바에 따르면, 바오로의 설교에 항의한 은장이들이 에페소 시민들을 선동하자 온 도시가 "에페소인들의 아르테미스는 위대하시다!"(사도 19,28)고 소리쳤다고 한다. 은으로 된 아르테미스 신전 모형을 만들던 은장이들은 바오로가 자신들의 사업을 위태롭게 한다고 여겼다. 아르테미스는 풍요의 여신이다. 말하자면 아르테미스의 특성이 마리아에게 부여된 것이다. 어떤 종교학자들은 그리스 신화에 나오는 곡물의 여신 데메테르나 호루스의 어머니인 이집트 여신 이시스가 '하느님의 어머니'라는 마리아 표상에 영향을 미쳤다고 주장한다. 그렇지만 에페소 공의회는 마리아를 고대 그리스인이나 이집트인이 이야기한 여신으로 보지 않았다. 마리아가 그저 순박한 여인이었다는 것을 분명히 알았다. 그럼에도 우리는 마리아가 하느님을 낳았다고, 하느님을 낳은 여인이라고 말할 수 있다. '하느님의 어머니'는 마리아에 대한 존칭이 되었다. 그리스와 이집트의 여신 숭배로 드러난 사람들의 갈망이 마리아에게 한데 모였다.

민간신앙에서는 '하느님의 어머니'를 말할 때마다 마리아와 예수를 함께 바라본다. 마리아는 예수를 낳은 여인이다. 결국 마리아 찬양은 하느님께서 사람이 되신 신비에 대한 찬양이다. 마리아는 하느님의 아들 예수를 낳았다. 하느님께서 나를 통해 이 세상에 나셨다면, 이는 인간이 받을 수 있는 최고의 영예다. 우리는 '하느님의 어머니'라는 표상을 통해 하느님께서 사람이 되셨음에, 한 여인을 통해 이 세상에 태어나고 자라셨음에 늘 새로이 경탄한다. 초기 그리스도교 성가인 「테 데움」Te deum은 이러한 신비를 이렇게 표현했다. "그분께서는 처녀의 품을 마다하지 않으셨다." 따라서 '하느님의 어머니'에 대한 찬양은 인간 존재로 내려오신 하느님에 대한 찬양이자, 마리아에게서 태어나신 예수 그리스도에 대한 찬양이다. 시詩로써 하느님께서 사람이 되신 신비를 노래하려면 표상이 필요

하다. 한 아이를 잉태하고, 제 몸으로 낳아, 젖 먹여 기르는 여인의 표상은 예부터 시인들의 마음을 사로잡았다. 시인들은 이러한 표상을 노래하며 하느님께서 사람이 되신 신비를 묵상하고 그 의미를 밝혔다.

그런데 '하느님의 어머니'라는 표상은 우리 인간을 위한 표상이기도 하다. 일찍이 4세기에 니사의 그레고리우스Gregorius Nyssenus는 그리스도인 모두가 그리스도의 어머니가 되어야 한다고 말했다. 우리 안에서 하느님이 태어나셔야 한다는 뜻이다. '하느님의 어머니'가 그래서 우리에게 밝게 빛난다. 우리의 가장 큰 존귀함은 그리스도께서 우리 안에서 태어나는 데 있다. 질레지우스Angelus Silesius는 다음과 같은 유명한 말을 했다. "그리스도가 베들레헴에서 수천 번 태어나도 그대 안에서 태어나지 않는다면 그대는 영원히 길을 잃고 말리라." 그리스도가 우리 안에서 태어나는 모습을 어떻게 상상해야 할까? 정말로 우리 몸으로 낳겠다는 상상은 망상이다. 자신의 내면에 귀를 기울이는 훈련이 도움이 될 것이다. 침묵으로 침잠할 때 무엇에 부딪치는가? 그저 자신의 생각과 감정인가? 어린 시절의 상처인가? 주위 사람에 대한 분노와 실망인가? 이 모든 감

마이스터 플랑케(1380?~1430), 「그리스도의 탄생」, 함부르크 미술관

정과 상념 아래에 침묵의 자리가 있음을 상상해 보라. 이 침묵의 자리를 마이스터 엑카르트Meister Eckhart는 인간 내면의 가장 소중한 영역으로 보았다. 그 어떤 생각이나 언어도 닿지 못하는 곳, 바로 그곳에서 하느님은 탄생하신다. 우리 안에 계신 하느님은 완전한 침묵 속에 머무르시며 모든 것을 새롭게 하시고, 우리의 진정한 본질과 하느님의 근원적이고 진실된 모습을 만나게 하신다. 신비주의자들이 하느님의 탄생에 대해 말하길, 하느님은 침묵 가운데 당신 모습을 드러내셔서 우리 영혼을 변화시키시고 거룩하게 하신다. 따라서 '하느님의 어머니'는 하느님께서 예수 그리스도를 통해 우리를 당신의 생명으로 충만하게 하셨다는 신학적 증언을 드러내는 표상이다. 레오 대종Leo I Magnus은 이렇게 표현했다. "하느님께서 사람이 되신 뜻은 인간을 거룩하게 하기 위함이다."

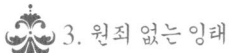
3. 원죄 없는 잉태

마리아는 순결하고 무결한 분으로 묘사된다. 이러한 표상에 열광하는 사람이 많은데, 이는 성을 억압하거나 부정하려는 의도와 연관이 있다. 하지만 우리는 '원죄 없는 잉태'(conceptio immaculata)라는 표상에서 우리 자신을 인식해야 한다. 이 표상은 마리아가 원죄 없이 잉태되었다는 교의에 근거하는데, 이 교의를 잘못 이해하는 사람이 많다. 교의의 본뜻은 이렇다. "복되신 동정녀 마리아께서는 잉태되신 첫 순간부터, 인류의 구세주이신 예수 그리스도의 공로와 전능하신 하느님의 유일무이한 은총의 특전으로 말미암아, 원죄에 물들지 않고 보존되셨다." 우리는 이 특별한 신학적 표현을 어떻게 이해해야 할까? 마리아를 구원된 인간의 전형으로 이해할 때 나는 이 교리를 이렇게 해석한다. 한편으로 우리 모두는 죄에 물든 세상에 태어난다. 우리는 사고하고 행동하기 시작하면서 우리를 둘러싼 죄에 영향을 받는다. 이것이 바로 원죄다. 그렇지만 그리스도가 우리 안에서 머무르시는 곳에서 우리는 순결하고 무결하다. 원죄의 해악에서 보호받고 죄악의 권세에 흔들리지 않는다. 우리는 그곳에서 티 없이 순수하고 흠 없이 온전하다. '원죄 없이 잉태되신 복되신 동정 마리아 대축일'에 에페소서 구절을 봉독하는 전례도 이러한 이해에서 비롯된 것이다. "우리 주 예수 그리스도의 아버지 하느님께서 찬미받으시기를 빕니다. 하느님께서는 그리스도 안에서 하늘의 온갖 영적인 복을 우리에게 내리셨습니다. 세상 창조 이전에 그리스도 안에서 우리를 선택하시어, 우리가 당신 앞에서 거룩하고 흠 없는 사람이 되게 해 주셨습니다"(에페 1,3-4).

따라서 '원죄 없는 잉태'의 표상이 말하는 바는, 우리의 근본이 악하지 않다는 것이다. 우리 안에는 순결하고 무결한 영역이 있다. 그리스도가 머무르시는 그곳에서 우리는 가장 내밀한 본질, 온전하고 순수한 본질을 만난다. 궁극적으로 우리는 마리아에게서 낙관적 인간상을 만난다. 그리스도교의 역사를 살펴보면 죄가 지나치게 강조되곤 했다. 특히 복음주의 신학은 인간의 마음이 태어날 때부터 악하다는 예언자 예레미야의 말을 계속 인용해 댔다. 하지만 인간이 창조된 이후의 말씀

찰스 B. 체임버스(1883~1964), 「원죄 없는 잉태」

은 간과했다. "하느님께서 보시니 손수 만드신 모든 것이 참 좋았다"(창세 1,31). 하느님께서는 인간을 선하게 창조하셨다. 죄악도 인간의 선함을 완전히 파괴하지는 못했다. 우리는 선과 악이 맞서는 긴장 속에서 살아간다. 우리는 자신에게 악하고 죄 많은 면이 있음을 수없이 경험했다. 하지만 자신을 불신해서는 안 된다. 그러면 자기 비난과 자기 비하에 시달리고, 자신과 타인에 대한 신뢰를 완전히 잃게 된다. 그리스도교 공동체는 인간을 너무 비관적으로 바라보는 경향이 있다. 반면 원죄 없이 잉태된 마리아는 다른 인간상을 보여 준다. 인간에게는 선한 본질이 있다. 때 묻지 않은 순수함이 있다.

'원죄 없는 잉태'의 표상을 내면에 받아들일 때 우리는 자기 비난을 멈추게 된다. 이는 내 과오와 죄악을 부정하는 것이 아니다. 나를 짓누르는 마음의 짐으로 느끼는 것도 아니다. 온갖 과오와 죄악에도 흠 없이 온전한 그 무엇이 내 안에 있음을 아는 것이다. 그리스도께서 머무르시는 내면의 자리에서는 나 자신을 신뢰해도 좋다. 그곳에는 내면의 순수함이 있다. 우리는 내 안에 있는 것에 의문을 품지 않아도 된다. 내가 행하는 사랑도 이기심의 발로일 뿐 순수한 것이 아니라고, 내가 베푸는 선행도 그저 권력 행사에 불과하다고 가혹히 자책하지 않아도 된다. 자신에 대한 불신으로 스스로를 가두어 버리는 사람이 많다. 마리아는 우리 내면에 또 다른 것이 있음을 보여 준다. 이것을 받아들일 때 나 자신을 달리 느끼게 된다. 나의 약점과 결점을 있는 그대로 보게 된다. 나의 약점과 결점을 부정할 필요가 없다. 이제는 그것들이 나를 지배하지 않는다. 마음 저 깊은 곳에서 일치를 이룬 나를 느낀다. 내 안에 맑고 순수한 면이 있음에 감사한다.

마리아 표상은 다른 사람들의 내면에 있는 순수함에도 눈 뜨게 한다. 여러 사람과 대화를 나누다 보면 맑고 순수한 기운을 발산하는 사람을 적잖이 만나게 된다. 나는 그들을 의심하지 않는다. 그렇다고 과도하게 치켜세우거나 거룩하다고 칭송하지도 않는다. 그들의 내면에서 전해지는 순수함에 기뻐할 뿐이다. 그들과 대화를 나누면 무엇인가 맑아지는 것이 있다. 서로에게 기분 좋은 맑고 순수한 분위기가 생겨난다. 이런 분위기에서는 나 자신을 과시하려고 애쓰지 않게 된다. 한 사람의 순수한 내면이 나의 진실한 모습을 드러내게 한다. 한 사람의 맑은 내면이 나의 혼탁한 내면을 정화한다. 마리아 표상을 나는 그렇게 체험했다. 마르틴 숀가우어Martin Schongauer가 그린 마리아 성화를 보면 마리아의 맑고 순수한 내면을 마주하게 된다. 마리아 성화를 바라보며 마음 깊이 받아들이면 나 또한 맑아진다. 내 안의 순수함과 만나게 된다. 나는 마리아에게도 감사한 마음이지만, 나를 선하게 창조하시고, 그 어떤 죄악에도 흐려지거나 파괴되지 않는 것을 내게 선사하신 하느님에게도 감사드린다.

 4. 성모승천

6세기부터 교회는 8월 15일을 성모승천대축일로 정하여 기념한다. 완연한 여름에 우리의 구원을 기뻐하는 잔치를 벌이는 것이다. 동방 교회는 구원의 신비를 여러 표상으로 찬양했고, 서방 교회는 이러한 표상들을 개념으로 파악하려고 노력했다. 1950년 교황 비오 12세Pius XII는 성모승천을 교의로 선포했다. "원죄 없으신 하느님의 어머니이시며 평생 동정이신 마리아께서는 지상 생애의 여정이 끝난 다음 그 영혼과 육신이 천상의 영광 안에 받아들여지셨다." 여기서 선포한 마리아에 대한 가르침은 우리에게도 똑같이 적용된다. 우리가 세상을 떠날 때 영혼과 육신이 함께 하느님에게 간다는 것과 온전한 인간으로 하느님의 영광 안으로 받아들여진다는 것은 예수의 죽음과 부활을 통해 우리에게도 의심의 여지가 없는 사실이 되었다. 그래서 칼 라너Karl Rahner는 성모승천 교의와 성모승천대축일의 관계를 이렇게 해석한다. "우리가 성모승천대축일에 기념하는

바는 다름 아닌, 우리가 주일마다 사도신경으로 고백하는 것이다: '육신의 부활(carnis resurrectionem)을 믿으며 영원한 삶을 믿나이다.'"

내부에 성모승천을 묘사한 교회가 많다. 특히 바로크양식으로 지어진 교회에서 많이 볼 수 있다. 마리아가 천사들에게 떠받들어져 하늘로 인도되는 모습인데, 제대화祭臺畵에 그려지기도 했고, 하느님의 영광 안으로 들어 올려지는 모습으로 천장화天障畵에 그려지기도 했다. 마리아는 하늘을 향해 두 팔을 활짝 벌려, 당신 아들이시며 하늘과 땅의 주님으로 찬미받으신 그리스도께 나아간다. 이러한 성화를 마주하노라면 마음속에 드넓고 자유로운 감정이 솟아난다. 또한 '성모승천'은 아름다움의 표상이기도 하다. 성화를 바라보는 이는 아름다운 빛을 받고, 제 몸에도 어떠한 존귀함이 깃들어 있음을 직감한다. 우리는 죽을 때 영혼만이 아니라, 육신과 영혼을 함께 지닌 온전한 인간으로 하느님께 나아간다.

그러나 '성모승천'의 표상과, 인간의 몸이 썩어 없어진다는 경험적 사실을 서로 어떻게 연관 지어야 할까? 바오로는 흙으로 된 몸이 아닌 부활한 몸을 말했다. 하지만 부활한 몸도

페테르 파울 루벤스(1577~1640), 「성모승천」, 빈 미술사 박물관

몸이다. 몸은 인간의 본질에 속한다. 모든 심층적 체험이 몸을 통해 일어난다. 우리는 몸으로 사랑하고 몸으로 기뻐한다. 우리는 몸으로 감정을 표현한다. 우리는 한 사람의 속 깊은 마음을 그의 얼굴에서 발견하고, 다정함을 그의 손에서 느낀다. 몸은 우리의 온갖 중요한 경험을 담고 있는 기억의 창고다. 육신과 영혼이 함께 하느님에게 다가갈 때, 이는 우리가 온전한 인간으로 하느님의 영광 안에 받아들여지는 것을 뜻한다. 육신과 영혼을 통해 타인과 구별되는 인간인 동시에, 타인과 접촉하고 대화하는 인간으로 받아들여지는 것이다.

'성모승천'의 표상은 우리를 죽음에 대한 두려움에서 벗어나게 한다. 우리는 죽어서 어둠이 아니라 하느님의 영광으로 들어간다. 마리아처럼 천사들에게 들려 하느님께 인도된다. '성모승천'은 우리 몸이 존귀하다는 것을 보여 준다. 우리 몸은 부활의 부르심을 받았다. 우리는 몸을 중시하고 소중히 대해야 한다. 요즘은 자신의 몸을 함부로 하는 사람이 많다. 그들은 최고의 성과를 내려고 몸을 혹사한다. 자신의 몸을 멸시하는 사람도 많다. 그들은 요즘 유행하는 미적 관념에 부합하지 않는다며 자신의 몸을 부정한다. 하지만 다른 한편으로는 제 몸을 우상화하고 과시하며 사람들의 찬사를 바란다. 그

피에트로 다 코르토나(1596~1669), 「성모승천」, 로마 발리첼라 산타 마리아 성당

안드레아 델 카스타뇨(1421?~1457), 「성모승천」, 베를린 회화 갤러리

들은 자나 깨나 몸에만 신경을 쓴다. 완벽한 외모를 위해 성형 수술도 마다하지 않는다. 하지만 이렇게 조작된 몸은 진정한 아름다움을 드러내지 못한다. 그런 몸은 하나같이 똑같은 모습을 한 인형이나 마찬가지다. 온기가 없다. 육신과 영혼이 함께 하늘로 받아들여진 마리아는 우리에게 자신의 몸을 있는 그대로 받아들이라고 한다. 하지만 늙고 병든 사람들에게는

쉬운 일이 아니다. 그들의 몸은 뜻대로 움직여 주지 않는다. 제대로 말을 듣지 않는다.

틸만 리멘슈나이더Tilman Riemenschneider는 '성모승천'을 예술로 표현하며 나름의 신학을 발전시켰다. 1505년부터 1510년까지 리멘슈나이더는 독일 크레글링겐에 있는 '주 하느님 성당'의 제대를 조각했다. 본디 제대 위에는 그리스도의 몸을 모신 성광聖光을 놓아두고 경배하도록 할 생각이었다. 하지만 그리스도의 몸으로 변화된 성체를 모신 성광이 있어야 할 자리에 리멘슈나이더는 하늘로 올림 받은 마리아를 모셔 두었다. 여기서 그가 표현한 것은 아주 대담한 신학이었다. 하늘로 올림 받은 마리아에게서, 성체의 모습으로 경배와 흠숭을 받으시는 예수 그리스도의 몸을 본 것이다. 마리아의 몸에는 우리 몸의 존귀함이 드러난다. 그리스도의 몸으로 변화된 성체를 바라볼 때, 우리는 예수 그리스도께서 우리의 몸 또한 가득 채우시고 있음을 거울 보듯 환히 보게 된다. 그리스도께서 당신의 영으로 충만히 변화시키실 때 우리의 몸은 마리아의 몸처럼 아름다워지고 하느님의 영광 안에 받아들여진다. 죽음도 우리의 몸을 어찌하지 못한다. 우리의 변화된 몸은 죽어서 영원히 하느님의 영광 안에 들기 때문이다.

5. 어머니 같은 하느님의 얼굴

내가 젊었을 때, 수도원 부원장 신부님이 내게 나흘간 성지 순례를 다녀오라고 지시하신 적이 있다. 담당 신부가 앓아눕는 바람에 백오십 명이 넘는 신자들을 이끌 지도 신부가 필요했던 것이다. 순례 길에서 신자들은 끊임없이 묵주기도를 바쳤고, 서녁이 되어 어느 성모 동굴에 도착하자 마리아 찬가를 불렀다. 당시 나는 비판적 신학에 마음을 두고 있어서 마리아 찬가를 들어도 별다른 감흥이 없었다. 내 귀에는 지나치게 감정적으로 들렸고, 그 안에서 신학적 내용을 찾기란 불가능해 보였다. 그래도 때마침 심리학을 공부한 덕에 남녀 신자들이 열렬히 찬가를 부르는 모습을 관찰해 보았다. 마리아 찬가가 그들의 내면에 어떤 영향을 미치는지 알고 싶었다. 얼마 지나지 않아, 그들이 마리아를 찬미하는 데 그치지 않고, 하느님의 모성을 접한다는 사실을 깨달았다. 그들은 곤경에서 구해 달라고 마리아에게 빌었지만, 실은 하느님께 빌고 있었다. 그들은 마리아의 표상에서 어머니처럼 자애로운 하느님의 모습을, 인간의 곤경을 어머니처럼 살피시는 하느님의 모습을 직감했다. 인간을 감싸 보호하시는 하느님을 발견했던 것이다. 마리아 찬가는 그들의 믿음에 어떤 인간적인 요소를 부여했다. 그들은 마리아에게서, 그렇지만 결국에는 하느님에게서 이해받는 기분을 느꼈다.

여성신학자들은 마리아에게 여신을 향한 인간의 갈망이 담겨 있다고 거듭 강조한다. 일리가 있다. 다름 아닌 에페소에서, 아르테미스를 여신으로 숭배한 에페소에서 마리아가 하느님을 낳은 여인으로 고백된 것은 결코 우연이 아니다. 하지만 마리아는 여신이 아니다. 나자렛에서 자라 요셉의 아내가 되고, 유다교 신앙을 교육받아 이를 실천한 구체적 인물이다. 초대교회는 당시 사람들의 종교적 갈망에 주목했다. 로마와 그리스인들의 성지를 없애지 않고 그곳에 순교자의 무덤을 세워 참배하게 했다. 로마인과 그리스인들이 그들의 여신에게 품었던 경애심을 단순히 사람들의 마음에서 지우는 대신 다른 길로 이끌었다. 이러한 길 가운데 하나가 마리아 공경이었다. 초대교회는 마리아가 여신들을 대체하지 못한다는 것을 분명히 인식했다. 대신에 사람들의 종교적 갈망에 관심을 기울였다. 마리아를 찬미하며 사람들의 갈망을 하느님의 여성성과 모성

「봉헌판」, 인스부르크 하일리히바서 성지 성당

으로 이끌었다. 많은 이들이 초대교회가 순전히 '남성신학'만 발전시켰다고 주장한다. 하지만 마리아 공경을 통해 여성신학이 생겨났다.

마리아는 하느님의 모성을 반영한다. 믿음이 얕은 신자들은 이러한 신학적 진리를 의식하지 못한다. 그저 마리아 성지를 찾아가, 은혜의 경당에 있는 마리아상 앞에서 기도를 바칠 뿐이다. 그들은 마리아에게 도움을 청한다. 그리고 나중에는 마리아께서 도우셨다며 봉헌판을 만들어 건다. 하지만 그들도 무의식적으로는 결국 도와주시는 분이 늘 하느님이라는 사실을 안다. 마리아는 하느님의 이름으로 도움을 베푼다. 마리아에게 기도하는 편이 더 쉽다고 느끼는 사람이 많다. 그들은 마리아의 모습을 눈앞에 그려 볼 수 있다. 어머니 마리아가 곤경에 처한 인간에게 마음 쓰는 모습을 상상할 수 있다. 하지만 궁극적으로 그들이 마리아에게서 체험하는 것은 어머니 같은 하느님의 보호와 사랑이다. 그들은 어렸을 때 주입된 하느님 상과는 다른, 즉 모든 것을 통제하는 엄한 아버지 같은 하느님 상과는 다른 하느님상을 경험한다. 마리아 공경이 우리에게 전하는 하느님상은 더 자애롭고 더 인간적이고 더 온화하다. 다정다감히 염려하고 보살피는 어머니 같은 하느님상이다. 하느님의 이러한 모습은 인간의 영혼을 어루만진다. 하지만 이는 하느님의 일면일 뿐이다. 하느님은 고향을 선사하시기도 하지만, 밖에서 끌어내어 투쟁하게 하시기도 한다. 우리는 남성적이기도 하고 여성적이기도 한, 아버지 같기도 하고 어머니 같기도 한, 감싸기도 하지만 떠나보내기도 하는 하느님상이 필요하다. 이렇게 상반된 모습에서 우리는 우리의 인식을 뛰어넘는 완전히 새로운 하느님상을 직감한다.

6. 거울

마리아 성지를 순례하는 사람들은 마리아에게서 하느님의 모성을 만나기도 하지만, 자신을 새로이 깨닫기도 한다. 마리아에게서 깨달음을 얻으면 자기상이 변화한다. 자신을 단죄하는 일을 멈추고, 하느님 앞에서 완벽해지려는 압박에서 벗어난다. 마리아를 바라보며 자신의 다정하고 자애로운 면과 만나는 것이다. 마리아 앞에 서면 믿음이 없거나 하느님에게서 멀어진 인간이라고 느끼지 않게 된다. 마리아를 바라보며 하느님이 가까이에 계신다는 것과 내 안에서도 태어나기를 바라신다는 것을 신뢰하게 된다. 또한 하느님의 아들을 낳을 수 있는 존귀한 분으로 인정받은 마리아를 통해 믿음을 얻는다. 나도 존귀한 존재로 여기시는 하느님께서 내 안에 머무르시며 나를 통해 이 세상에 당신 사랑의 흔적을 새기실 것이라고 굳게 믿게 된다. 그리고 아픔과 슬픔, 절망과 우울, 근심과 낙담이 내면에서 잦아들어 믿음과 희망과 사랑을 만나게 된다.

사람마다 특별히 좋아하는 마리아 성화가 있기 마련이다. 왜 유독 그 성화가 내 마음을 사로잡는지 설명하기란 쉽지 않다. 우리는 성화에서 자신의 모습을 발견할 때 온전히 빠져든다. 예컨대 마리아가 아기 예수를 품에 안은 모습을 그린 성탄 성화에서는 무엇이 내 마음을 사로잡는가? 낯선 곳에서 보호를, 무정한 곳에서 온정을, 거칠고 삭막해져 가는 세상에서 자애로움을 만나는 느낌일 것이다. 아기 예수를 품에 안은 마리아는 우리에게 내면의 아이를 사랑으로 대하라고 말한다. 우리 모두가 상처 입은 아이를, 버림받고 멸시받고 조롱받은 아이를 품고 산다. 아기 예수를 다정히 품에 안고 볼을 맞댄 마리아를 바라보며 우리는 내면의 상처 입은 아이에게 애정을 베푸는 것이 우리에게도 위로가 된다는 것을 직감한다. 마리아 성화를 마주하면 자신을 조금 더 다정하게 대하게 된다. 자신에게 분노하지 않고, 내면에 있는 예민하고 쉬이 상처 입는 부분을 억누르지 않게 된다. 마리아를 바라볼 때면 조금 더 애정 어린 사람이 된다.

성화 속에서 마리아는 하느님으로 충만해 있음을 온몸으로 드러낸다. 우리가 그분의 사랑으로 충만해지고, 그분의 사

안드레아 델 사르토(1486~1530), 「마리아의 얼굴」(부분), 뉴욕 프리드샘 컬렉션

랑이 우리를 통해 다른 이들에게 전해지기를 바라는 갈망을 표현하는 것이다. 그분의 사랑은 우리가 억지로 만들어 내는 사랑이 아니라 우리를 가득 채우고 변화시키는 사랑이다. 하느님에게 마음을 열어서 평화를 얻게 되리라는 희망이 마리아를 통해 자라난다. 성화 속에서 마리아는 늘 자신에게 온전히 깨어 있는 모습이다. 사랑할 때는 사랑이 되고, 고통스러울 때는 고통이 되며, 기도할 때는 기도가 된다. 마리아는 우리에게 나 자신과 일치를 이루고 싶은 갈망을, 기쁨과 고통을, 만남과 고독을 있는 그대로 받아들이고 싶은 갈망을 일깨운다. 당신처럼 내면으로 눈길을 돌려 나 자신의 마음과 만나라고 한다. 성화를 마주하며 우리는 마리아의 마음을 본다. 마리아는 아기 예수를 자애로이 품에 안는 모습으로 당신의 따뜻한 마음을 드러낸다. 이렇게 우리는 마리아의 거울을 통해 자신의 마음을 깨닫는다. 우리 마음에 무정과 냉정만이 아니라, 사랑과 온정도 공존함을 느낀다. 마리아의 '거울'을 바라봄으로써 우리 마음은 더욱 자애롭고 따뜻해진다. 우리 자신의 따뜻한 마음을 발견한다. 마리아를 통해 우리 자신의 존귀함과 유일무이함을 보는 것이다.

7. 피조물의 아름다움과 치유력

마리아는 언제나 하느님께서 창조하신 만물과 함께 경배된다. 성모승천대축일이면 약초를 예쁜 꽃과 한데 묶어 아름다운 꽃다발로 만드는 풍습이 여러 지방에 있다. 이 꽃다발을 성당에 가지고 가면 미사가 끝날 무렵 사제가 축성해 준다. 사람들은 그것으로 집을 장식하기도 하고 가족의 무덤에 바치기도 한다. 이러한 풍습은 마리아에게서 '하느님이 창조하신 만물의 치유력'을 발견한 사람들의 인식을 반영한다. 마리아는 하느님의 피조물이다. 그런데 창조주 하느님을 이 세상에 낳은 존재로 이 피조물은 공경받는다. 하느님의 피조물과 마리아의 밀접한 관계는 바로 이러한 관점에서 이해할 수 있다.

하지만 '하느님이 창조하신 만물의 치유력'을 마리아에게서 발견하는 데는 또 다른 이유가 있다. 고대 여신들은 항상 성장과 다산, 수확의 여신이었다. 여신들은 늘 어머니 같은 대지大地와 관계가 있었다. 사람들은 여신들을 통해 대지에 모성이 있음을 직감했다. 하느님이 창조하신 자연의 치유력을 나는 두 가지 관점에서 본다. 첫째는 자연이 하느님의 영과 힘으로 가득 차 있다는 것이다. 자연 속으로 들어갈 때 나는 하느님의 치유력을 느낀다. 자연은 몸과 마음에 생기와 활력을 불어넣는 샘이다. 산책을 하고 나면 원기를 회복한다. 자연에서 치유를 체험하는 둘째 이유는, 자연은 나를 판단하지 않는다는 것이다. 여름날 풀밭에 누워 있으면 온전히 받아들여지는 느낌이다. 나는 있는 모습 그대로 수용된다. 자연은 나를 판단하지도, 평가하지도 않는다. 있는 그대로 좋다. 이렇게 나 자신을 긍정적으로 체험함으로써 마음의 상처와 자기 비난, 자기 단죄에서 치유된다.

오월은 성모성월이다. 가톨릭교회는 오월이면 성모의 밤 행사를 한다. 내가 어렸을 때는 오월 내내 성모의 밤이었다. 나와 친구들은 좋았다. 성당이 꽃향기로 가득했고 감동적인 마리아 찬가가 울려 퍼졌다. 보호받는 기분이었다. 그때 성당은 엄숙한 곳이 아니라, 자애롭고 다정한 곳이었다. 사람들의 잘잘못을 가리는 것은 중요하지 않았다. 나를 비롯한 아이들은 보호와 사랑을 느꼈다. 여러 성가와 기도에서 마리아는 가

작자 미상(1425년경 작), 「딸기밭의 마돈나」, 졸로투른 미술관

장 아름다운 꽃으로 찬미받았다. 중세부터 마리아는 늘 꽃과 연관되었다. 마리아는 장미, 백합, 수선화, 데이지, 매발톱꽃, 제비꽃 같은 꽃에 비유되었다. 이 꽃들은 각각 마리아의 본질을 드러낸다. 백합은 마리아의 정결과 동정, 제비꽃은 겸손, 붉은 장미는 사랑, 흰 장미는 순결한 처녀를 뜻한다. 또한 붓꽃은 마리아의 아픔을 뜻한다. 마리아를 묘사할 때 자주 나오는 매발톱꽃은 성모 마리아의 장갑이라고도 불린다. 게르만족의 모신 프리야에게 바치는 약초였던 매발톱꽃은 마리아의 치유력을 뜻한다. 마리아 성화에 자주 등장하는 약초인 은방울꽃은 마리아에게서 세상의 구원이 비롯되었음을 표현한다. 빨간 패랭이꽃은 마리아가 몸소 구현하는 진실하고 순수한 사랑을 뜻한다.

계절의 여왕 오월은 마리아의 아름다움을 드러낸다. 미술사에는 '토타 풀크라' tota pulchra 라는 마리아 표현 양식이 있다. '지극히 아름다우신 마리아여'라는 뜻이다. 마리아상을 바라보며 우리가 찬탄해 마지않는 아름다움은 '하느님이 창조하신 만물의 아름다움'을 반영한다. 하느님께서는 이 세상을 선하게도 만드셨지만, 아름답게도 만드셨다. 마리아의 아름다움을 찬미하고 '하느님 피조물의 아름다움'에 찬탄하며 우리는 자신의 아름다움과 만난다. 그리스 철학에서 아름다움은 존재의 본질이다. 존재하는 모든 것은 참되고, 선하며, 아름답다. 진선미眞善美는 존재의 본질이다. 마리아를 바라보며 우리는 자신의 내면이 아름답다는 사실을 깨닫는다. 참으로 진실된 사람의 얼굴은 아름다움으로 빛난다. 자신의 본질을 왜곡하지 않을 때, 남들이 정해 놓은 미적 기준에 자신을 억지로 끼워 맞추지 않을 때 비로소 우리는 아름답다. 자신의 본질을 드러낼 때 우리 얼굴은 나름의 아름다움을 발한다.

오늘날, 사람들은 각종 대중매체가 전하는 미적 기준에 미치지 못한다는 두려움에 내면이 분열된다. 제 모습을 있는 그대로 드러내기를 꺼린다. 자신이 더욱 아름다워져야 한다고 믿는다. 그래서 남들이 부여한 미적 기준에 자신을 맞추려고 안간힘을 쓴다. 하지만 그럴수록 이루 말할 수 없이 불행해질 뿐이다. 마리아를 바라보며 자신의 아름다움과 만날 때, 하느님께서 우리를 아름답게 만드시고 하느님의 아름다움이 우리 안에 빛나고 있음을 신뢰할 때 상처 입은 내면이 치유된다. 우리는 자유와 안식과 평화를 느낀다.

8. 생명의 샘

마리아는 샘터에서 경배되는 경우가 많다. 여기서도 사람들의 오랜 갈망이 마리아에게 투사되었음을 알 수 있다. 예부터 샘터에는 성지가 많았다. 사람들은 샘터에서 창조주 하느님의 원초적 능력을 본능적으로 느낀다. 샘은 생기와 활력을 주고, 좋은 열매를 맺게 하며, 몸과 마음을 정화한다. 우리는 샘터에서 내적으로 새로워지고 강건해지기를 소망한다. 우리는 내면이 메말랐다고 느낄 때가 많다. 그저 기계처럼 움직이는 것이다. 그럴 때면 우리는 샘터를 찾아 새로운 영감을 얻고 내면의 샘, 내면의 원천과 만나려고 한다. 우리는 탁한 샘에서 물을 길어 올릴 때가 많다. 자신의 존재를 끊임없이 증명해서 모든 사람에게 사랑받으려고 하는 욕망의 샘을, 완벽주의의 샘을 마시는 것이다. 이때 우리는 마르지 않는 맑은 샘에서 물을 길

얀 반 에이크(1395?~1441), 「생명의 샘에 있는 마리아」, 브뤼셀 벨기에 왕립 미술관

어 올리기를 갈망한다. 탁한 샘에서 물을 길어 올리는 사람은 금세 메마르고 만다. 맑은 샘은 결코 마르지 않는다. 맑은 샘은 쉬이 탁해지는 우리의 감정을 정화한다.

동방 정교회 신학에서는 마리아를 '생명을 맞아들이는 샘'(*zoodocho Pege*)이라 부른다. 또는 '생명을 베푸는 샘'이라 찬양하기도 한다. 부활 주일 금요일에 정교회는 '새로 남'을 기념하는 축일을 지낸다. 사람들은 노래한다. "하느님의 은총을 입으신 마리아여, 당신은 마르지 않는 샘에서 당신 은총이 저희에게 솟아 흐르게 하십니다. 말로는 설명할 수 없습니다. 하지만 지력으로 파악할 수 없는 말씀을 낳으셨기에 간구하오니 당신의 은총으로 저희를 직시소서. 그리하여 저희가 당신에게 '구원의 샘물이신 마리아여, 기뻐하소서'라고 외치게 하소서." 이 축일의 기원은 콘스탄티노플 성문 앞에 있는 성지인 '샘터의 성모' 성당의 축성일이다. 그곳은 그리스도 이전부터 성지였다. 동방 정교회는 이 샘터를 경배하는 사람들이 느꼈던 갈망을 마리아에게로 돌려 새로운 길로 이끌었다.

서방 교회에서는 특히 아가의 표상들을 마리아와 연관 지었다. 예컨대 아가 4장 12절에서 말하는 '봉해진 우물'이 마리아다. 중세의 설교를 살펴봐도 마리아는 '성령으로 봉해진 우물'이라고 찬양받았다. 또는 생명의 태양이 비치는 우물, 낙원의 우물, 사랑의 우물, 지혜의 우물, 자비의 우물이라고 찬양받기도 했다. 15세기에는 마리아 성화에 우물을 그려 넣는 화풍이 유행했다. 마리아는 아름다운 낙원의 우물(이 책 191쪽)에 머무르며 우리를 그곳으로 이끈다. 우리는 마리아에게서 하느님께서 안겨 주신 자연의 기쁨을 맛본다. 하느님은 자연에서 당신 치유의 우물로 우리를 새로 나게 하신다.

마리아 자체가 치유의 샘이다. 마리아에게서 그리스도가 태어났다. 그러니 우리의 삶을 풍요롭게 하는 샘이다. 마리아는 여러 성화에서 아들에게 젖을 물리는 모습으로 묘사된다. 어떤 성화에서는 마리아가 젖가슴을 눌러 아기 예수의 입으로 젖이 흘러들게 한다. 여기서 마리아는 말 그대로 샘이 되어 당신 아들을 젖 먹여 기른다. 수많은 이가 이 성화를 묵상하며 참된 생명의 샘이신 하느님을 바라보게 되었다. 하느님은 당신 마음에서 나온 사랑의 물줄기가 우리에게 흘러들게 하신다. 하느님은 우리를 먹이시고 새로 나게 하시는 분이다. 마리아처럼 하느님께 마음을 열 때 우리의 삶도 열매를 맺는다.

샘터에 자리한 순례지가 많다. 오스트리아에 있는 마리아 샘이 유명하다. 전설에 따르면 1006년 성녀 기젤라Gisela가 이 샘터에서 성모상을 발견하여 그곳에 작은 성당을 짓도록 했다. 이 샘은 치유 효과가 있다고 한다. 사람들은 샘이 마리아와 어떤 관계가 있음을 본능적으로 느꼈다. 예부터 마리아는 풍요로운 창조의 상징이고, 샘은 생명의 원천이다. 샘에서는 항상 새로운 생명이 솟아난다. 샘에는 병을 치유하고 생기가 돌게 하는 힘이 있다. 그래서 사람들은 마리아를 경배하는 샘을 순례했다. 그들은 마리아에게서 생기 돌게 하고 열매 맺게 하는 샘을 체험했다. 이 세상을 창조할 때 우리에게 선사하신 그 샘을 하느님은 우리의 마음에도 솟아나게 하신다. 마리아를 잉태시키신 성령은 우리 안에서 샘처럼 솟아오르신다. 그 샘은 하느님에게서 오는 것이기에 결코 마르지 않는다.

9. 지극히 거룩한 여인

동방 정교회 신학자들은 마리아를 '지극히 거룩한 여인'(Panhagia)이라 칭하면서도, 마리아의 거룩함이 성령의 은사임을 잊지 않는다. 마리아는 스스로 거룩해진 분이 아니다. 하느님께서 거룩하게 하신 분이다. 동방 교회의 그리스도인들은 '지극히 거룩한 여인' 마리아를 공경하며, 나자렛의 순박한 처녀에게 역사役事하신 것과 마찬가지로 우리도 거룩하게 하실 수 있는 하느님을 찬양한다. 보잘것없는 우리라도 성령으로 변화하여 거룩해질 것이다. 여기서 거룩함이란 성령으로 치유되어 흠 없이 온전해지는 것을 뜻한다.

이콘에서 마리아는 '지극히 거룩한 여인'으로 묘사되곤 한다. 천사와 성인들 가운데 자리한 마리아는 아기 예수를 품에 안고 있기도 하지만, 홀로 서 있는 모습이 더 많다. 이러한 모티프는 서방 교회에서 '모든 성인'의 성화에 수없이 쓰였다. '모든 성인의 날 대축일'에 기리는 수많은 성인 가운데 마리아

안드레아스 리조스(1421~1492), 「열정의 마돈나」, 레클링하우젠 이콘 박물관

는 특별한 위치를 차지한다. 바로크 양식의 교회에는 성인들이 지켜보는 가운데 그리스도께서 마리아에게 천상모후의 관을 씌우시는 모습을 그린 천장화가 많다. 마리아는 다른 어떤 성인보다 뛰어난 분이다. 성인이 갖추어야 할 미덕이 마리아를 통해 분명히 드러난다. 하느님께서는 당신의 부르심에 특별히 응답하여 당신을 위해 자신을 비우고, 다른 이들을 섬기라는 소명을 인간에게 주셨다. 하느님은 몸소 인간을 거룩하게 하신다. 본디 거룩함은 세상에서 벗어나는 것을 뜻한다. 한 인간을 거룩하게 하실 때 하느님은 그를 세상의 권세에서 구하신다. 이렇게 거룩해진 인간은 아직 이 세상에 머물지만, 세상이 그를 지배하지 못한다.

'지극히 거룩한 여인'이라는 칭호의 또 다른 의미는 마리아의 내면이 온통 거룩하다는 것이다. 마리아의 내면은 성령으로 충만하다. 마리아에게 있는 모든 현세적인 것은 하느님에게로 끌려 들어갔다. '지극히 거룩한 여인'을 바라보고 있노라면 나의 내면도 온통 하느님에게 빠져들 수 있다는 희망과 신뢰가 자란다. 내 안에 있는 그 어떤 것도 하느님에게서 나를 갈라놓지 못한다. 하느님께서는 내 모든 것을 당신의 영으로 가득 채우고자 하신다. '지극히 거룩한 마리아'는 내 안에 있는 모든 것을 하느님에게 내어놓으라 한다. 하느님은 나의 내면을 거룩하게 변화시키시고 세상의 권세에서 구하실 것이다. 나는 내 두려움을 하느님께 내어놓아서, 그분께서 그것을 단순히 없애시는 것이 아니라 당신의 영으로 가득 채우시게 한다. 그러면 두려움이 내 안에 남기는 하겠지만, 더 이상 나를 쥐고 흔들지는 못한다. 내게 있는 나약함을 하느님께 내어놓는다고, 단순히 강인함으로 바뀌지는 않는다. 하지만 내 나약함은 권세를 잃어 나를 파괴하지 못하게 된다. 지극히 거룩한 마리아는 내 안의 모든 것이 있는 그대로 받아들여진다는 희망의 표상이다. 모든 것이 하느님의 영으로 충만해지더라도 세상의 불완전함이 남아 있겠지만, 세상의 권세에서는 완전히 벗어날 것이다.

'지극히 거룩한 여인'이라는 칭호는 내 안에서 가장 거룩한 것을 찾으라는 부름이기도 하다. 내 안에는 거룩한 공간, 세상에서 멀리 떨어진 공간이 있다. 모든 것이 거룩한 그곳에서는 하느님이 머무르시고, 하느님이 머무르시는 그곳에서는 모든 것이 거룩하다. 세상은 그곳에 발을 들이지도 권세를 부리지도 못한다. 그곳에서 나는 진정으로 자유롭다. 흠 없이 온전하다. 그곳에서 나는 내 안의 거룩하고 온전한 본질을 만난

작자 미상(12세기 작), 「지극히 거룩한 여인」, 모스크바 트레티야코프 미술관

다. 그 어느 곳보다 내밀한 그곳에서 나는 세상을 벗어난다. 그곳에서 나는 거룩해진다. 그곳에서 나는 내 한계를 아프게 깨달았음에도 성인들과 함께한다. '모든 성인'의 성화 속에는 나를 위해 마련된 자리도 있다. 이는 내가 어떤 특별한 공을 쌓아서가 아니다. 하느님께서 나를 그리스도 안에서 거룩하게 하시고 암흑의 권세에서 구하셨기 때문이다.

 10. 인도자

 마리아를 '인도자'(Hodegetria)로 묘사한 이콘이 많다. 이러한 이콘의 원형은 콘스탄티노플의 호데곤 성당에 있는데, 5세기에 그려졌다. 마리아는 왼팔에 아기 예수를 안고 바로 선 모습이다. 서방 교회에서는 특히 산타 마리아 마조레 성당에 있는 이콘에 '인도자 마리아'의 핵심 의미가 잘 드러나 있다. 여기서 마리아는 강복을 내리는 예수를 왼팔에 안아 오른손으로 가리킨다. 예수는 길이고 진리이며 생명이다. 마리아는 그분을 가리킴으로써 우리가 그분을 따르고 생명에 이르는 길을 찾게 한다.

 서방 교회에서는 '인도자 마리아'라는 모티프가 오래된 마리아 찬가인 「바다의 별이신 성모」Ave Maris Stella에 언급되어 있다. 6절의 가사는 다음과 같다. "저희 길을 목적지까지 안전하게 인도하소서. 저희 걸음을 이끄시어 당신과 함께 기뻐하며 우리 임금이신 그리스도를 만나게 하소서." 라틴어로는 "우리에게 안전한 길을 마련하소서"(iter para tutum)라고 되어 있다. 독일에는 들로 산으로 뻗은 길가에 마리아가 새겨진 작은 탑들이 심심찮게 눈에 띈다. 그 길을 지나는 나그네들은 마리아에게 인사를 드리며 좋은 길로 이끌어 달라고 청한다.

    마리아는 길과 어떤 관계가 있을까? 이러한 모티프는 성가족이 이집트로 피신한 사건에 기원을 두는 듯하다. 예술가들은 이 장면을 즐겨 그렸다. 헤로데가 보낸 추격자의 눈에서 벗어나 안전한 곳으로 피신하고자, 마리아는 요셉과 아기 예수와 함께 이집트로 떠나야 했다. 이 사건에서 수많은 전설이 생겨났다. 전설을 통해 사람들은 압제자를 피해 달아나는 길에서 보호받고, 때로는 편히 쉬어 원기를 회복하고 싶은 갈망을 표현했다. 그래서 마리아 순례지 가운데는 '마리아의 쉼터'라고 불리는 곳이 있다. 이집트 피신 길에 마리아는 쉬어 가며 하느님에게 먹을 것도 얻고 기운도 얻었다. 그런 마리아가 우리도 길을 나아갈 때 하느님의 돌보심을 신뢰하라고 이른다. 우리의 길도 늘 평탄한 것만은 아니다. 때로는 압제자에게 벗어나기 위해 피신해야 한다. 예부터 전쟁의 소용돌이에서 피난길에 오른 사람들은 마리아의 동행을 믿었다.

요스 반 클레브(1485?~1540/1), 「이집트로 피신하는 성가족의 휴식」
브뤼셀 벨기에 왕립 미술관

디오니시(1450?-1520?), 「스몰렌스크의 성모」(인도자 마리아)
모스크바 트레티야코프 미술관

    루카는 젊은 마리아가 길을 떠났다고 전한다. 마리아는 자신이 살던 익숙한 집을 떠나 산을 넘어 엘리사벳을 찾아갔다. 마리아는 자신의 길을 갔다. 그 길은 평탄한 길이 아니었다. 좁은 골짜기를 지나고 험한 산을 넘어야 하는 길이었다. 여기서 루카가 말한 마리아의 길은 우리를 다른 사람에게로 이끄는 길이다. 흔히 우리는 다른 사람에게 이를 때까지 먼 길을 가야 한다. 그리고 우리의 길을 계속 나아가기 위해 다시금 길을 떠나야 한다. 길은 언제나 모험과 관계가 있다.

'인도자 마리아'에는 또 다른 의미가 있다. 많은 순례지가 마리아에게 봉헌되었다. 우리는 성지 순례에서 마리아를 만나기 위해 길을 나서는 셈이다. 마리아는 우리가 안전하게 몸을 숨길 수 있는 큰 산과 같다. 그래서 마리아 순례지는 산속에 있는 경우가 많다. 이 성지들은 순례자에게 나아갈 방향을 일러 주고, 저 멀리 있는 목적지를 보여 준다. 그리고 길을 나아가며 각별히 보호받을 것이라고 약속한다.

전쟁이 일어나거나, 기근이 들거나, 일자리가 부족해야만 고향을 등지고 길을 떠나는 것이 아니다. 길은 인간의 근원적 상징이다. 인간은 누구나 자신의 삶에서 내면의 길을 걷는다. 오늘날은 성공적인 삶을 위해 가야 하는 길이 수없이 많다. 여러 인도자가 떠들어 대는 통에 어디로 가야 할지 갈피를 못 잡는 사람이 한둘이 아니다. 그들은 어떤 길이 자신을 계속 이끌어 줄지 알지 못한다. '인도자 마리아'는 우리를 믿음의 길로 이끌고자 한다. 우리 내면에서 쉼 없이 울리는 하느님의 목소리에 마리아처럼 응답할 때, 우리를 목적지로 이끌어 줄 길을 발견하게 된다. 그 길은 우리가 가야 할 길이다. 마리아는 누구나 쉽게 가는 길이 아니라, 하느님께서 마련하신 길로 우리를 인도하고자 한다. 그 길을 알아보려면 우리 안에 머무르는 천사의 목소리와 마음속에서 들리는 나지막한 울림에 귀 기울여야 한다. 그 나지막한 울림은 마리아처럼 자리에서 일어나, 하느님의 보호 아래 자신의 길을 가라고 우리에게 재촉한다.

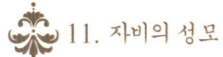 11. 자비의 성모

마리아 이콘의 또 다른 유형인 '자비의 성모'(*Eleusa*)는 불쌍히 여겨 주는 분, 가여워하는 분이라는 뜻이다. 마리아는 깊은 사랑으로 당신 아들을 안고 있다. '자비의 성모'는 6세기 비잔틴 양식의 성경 장식화에서 비롯된 듯하다. 러시아 이콘 화가들은 '자비의 성모'를 '연민의 성모'(*Umilenie*)라고 불렀다. 가장 유명한 예로는 모스크바 트레티야코프 미술관에 소장된 「블라디미르의 마돈나」Madonna von Wladimir로 1100년경에 그려졌다. '연민의 성모'는 러시아에서 가장 널리 퍼진 마리아 이콘이다. 마리아는 슬픔과 수심에 가득 찬 눈으로 그리스도인들을 바라본다. 마리아는 아들에게 닥칠 위험을 암시한다. 어린 예수는 도움을 청하는 듯한 얼굴로 어머니 마리아를 올려다본다.

서방 교회에서도 '자비의 성모'가 13세기부터 유행했다. 특히 이탈리아에서 사랑받았다. 독일어권에서 이러한 유형의 첫 성화는 인스부르크 성 야콥 대성당에 있는 루카스 크라나

흐Lukas Cranach의 작품이다(1537년 이후 작). 서방 교회에서는 이러한 성화를 '도움의 마리아'라고 부르는데, 비슷한 성화가 이루 헤아릴 수 없을 정도로 많이 그려졌다. 17세기에는 도움의 마리아를 모신 순례지가 수없이 생겨났다. 특히 유럽이 전쟁과 흑사병으로 시달리던 시기에 독일에서는 '도움의 마리아'에 대한 공경이 카푸친회의 장려로 널리 전파되었다. 독일 남부와 오스트리아에는 무려 500여 순례지에 크라나흐 작품의 모사본이 걸려 있다. 그래서 '도움의 마리아'는 '독일의 마돈나'라고도 불린다.

이런 유형의 마리아 묘사에 대해 한 미술사가는 이렇게 말했다. "성모 마리아는 당신 아들의 수난을 예감하며 슬픔에 찬 갈색 눈으로 우리를 바라본다. 고통과 고뇌로 가득한 마리아의 얼굴은 그 모습을 바라보는 이에게 최면이라도 거는 듯하다. 이렇듯 숙연한 마리아의 모습이 우리의 마음을 신비로이 움직인다. 이러한 유형의 마리아 묘사는 전형적 신학 사상에 필적하는 종교적 정서의 출현을 예고했고, 그러한 종교적 정서는 서방 교회에도 전파되어 12세기에 풍성한 열매를 맺었다"(Kolb 70).

루카스 크라나흐(1472~1553), 「성모자」, 인스부르크 성 야곱 대성당 마리아는 우리 인간을 불쌍히 여기는 분으로 그려진다. 마리아는 당신 아들의 고난을 고통스레 체험했다. 그래서 고통이 뜻하는 바를 안다. 우리가 처한 고통과 곤경에 대해 이해하는 것이다. '자비의 성모'나 '도움의 마리아'를 바라보며 많은 이가 위로를 받았다. 마리아를 통해 우리의 고통을 살피는 분은, 결국 우리를 불쌍히 여기는 하느님이시다. 어머니 같은 그분은 자식들의 고통을 이해하고 함께 아파하신다. 동방 교회에서는 자비와 동정의 감정이 특히 강조되었다. 기적을 일으키는 「블라디미르의 마돈나」를 경배하고 온 사람들은 그 성화를 보는 것만으로도 크게 위로받았다. 성화를 마주하며 느낀 공감만으로도 새로운 확신을 품고 집으로 돌아갈 수 있었다. 아이가 다쳤을 때 엄마가 품에 안으며 달래는 것처럼 자비가 고통을 덜어 준 것이다. 서방 교회에서는 적극적 관점이 강조되었다. 마리아가 우리의 곤경을 이해하는 데 그치지 않고, 우리를 도와준다는 것이다. 사람들은 마리아가 우리의 병을 낫게 하고 인간관계에서 겪는 어려움을 덜어 주기를 원했다. 헤아릴 수 없이 많은 사람이 '자비의 성모' 앞에서 기도를 바쳐 도움을 얻었다. '자비의 성모'에는 위대한 힘이 담겨 있다.

예술가들은 하느님의 자비와 도움에 대한 믿음을 '자비의 성모'나 '도움의 마리아'에 그려 넣었다. 예술가들이 이러한 믿음을 표현하는 데에는 제 아이를 더없는 사랑으로 대하는 동시에, 성화를 마주하는 이를 깊은 이해와 연민으로 바라보는 어머니를 그리는 것보다 더 좋은 방도가 없었다. 그들은 '자비의 성모'로 인간의 갈망을 불러일으켰다. 수많은 사람이 그 앞에서 하느님의 자비와 자애를, 우리를 도우시는 그분의 능력을 체험했다. 그들은 마리아를 통해 하느님의 돌보심을 경험했다. 그래서 감사의 표시로 봉헌판을 그리고 '마리아께서 도우셨다'는 제목을 달아 순례지에 걸어 놓았다.

12. 다정히 입 맞추는 마리아

'다정히 입 맞추는 마리아'(*Glykophilusa*)는 '자비의 성모'와 아주 비슷하다. 하지만 '자비의 성모'에서는 마리아가 아기 예수를 애정 어린 손짓으로 어루만지는데, '다정히 입 맞추는 마리아'에서는 아기 예수가 어머니 마리아의 품에서 고사리손으로 어머니의 턱을 만지고 있다는 점이 다르다. '다정히 입 맞추는 마리아'에서는 마리아의 얼굴에 담긴 아픔이 누그러진 모습이다. 사랑과 다정함이 더 크게 표현되었다. 이러한 유형의 성화는 '성모 마리아를 다정히 어루만지는 아기 예수'라고도 한다. 어머니의 왼팔에 안긴 하느님의 아들은 오른손으로는 어머니의 턱을 만지고 왼손으로는 옷깃을 잡는다. 서방 교회에서는 이러한 성화를 '캉브레의 은혜로운 성모'나 '가르멜의 마돈나'라고 한다. 가르멜회 수도자들은 마리아를 가르멜 산의 성모로 특별히 경배했다. 이 성화 역시 서방 교회에서 다양한 형태로 그려졌다. 그런데 복음사가 루카가 맨 처음으로 이 성화를 그렸다는 주장이 끊임없이 제기되었다. 사람들은 '다정히 입

안드레아스 리조스(1421~1492)
「다정히 입 맞추는 마리아」, 개인 소장

맞추는 마리아'가 예술가들의 자의적 표현에 불과한 것이 아니라, 루카 복음의 정신에 부합한 것임을 말하고자 했다.

어머니 마리아가 다정히 아기 예수를 안고 있는 모습은 부지불식간에 마음을 뒤흔든다. 우리는 아기 예수에게서 자신을 본다. 그리고 하느님께서 우리를 다정히 어루만지신다는 것과 하느님은 자애로운 분이자 입 맞춰 주시는 분이라는 것을 느낀다. 여기에는 하느님의 보살핌, 즉 예언자 호세아에게 드러내신 깊은 사랑이 표현되었다. "나는 인정의 끈으로, 사랑의 줄로 그들을 끌어당겼으며 젖먹이처럼 들어 올려 볼을 비비고 몸을 굽혀 먹여 주었다"(호세 11,4). '다정히 입 맞추는 마리아'를 바라보는 사람은 시편 기도자와 함께 이렇게 기도드릴 수 있다. "오히려 저는 제 영혼을 가다듬고 가라앉혔습니다. 어미 품에 안긴 젖 뗀 아기 같습니다. 저에게 제 영혼은 젖 뗀 아기 같습니다"(시편 131,2).

여성 신비주의자들은 '다정히 입 맞추는 마리아'를 사랑했다. 그들은 기도 중에 거듭 체험한 하느님의 사랑을 이 성화에서 보았다. 마리아가 아기 예수를 사랑으로 품에 안듯 하느님께서는 당신에게 다가오는 이를 사랑으로 어루만지신다. 여성 신비주의자들은 '다정히 입 맞추는 마리아'를 신비주의 체험이 묘사된 성화로 보았다. 이로써 마리아 공경이 한 구체적 인간에 대한 공경만은 결코 아니라는 사실이 분명해진다. 마리아 공경은 항상 신비주의 체험과 영성의 표현이다. 이 체험과 영성은 하느님께서 우리를 사랑하시며, 마리아가 아기 예수에게 입 맞추면서 아들과 하나가 되듯이 하느님께서도 우리와 하나가 되시리라는 것을 믿게 한다. 여성 신비주의자들은 기도 가운데, 하나 됨이라는 황홀경 가운데 하느님의 다정한 입맞춤을 체험할 수 있다고 했다. 그들의 신비주의 체험을 예술로 표현하기 위해서는 '다정히 입 맞추는 마리아'라는 표상이 필요했다.

13. 승리의 마리아

'승리의 마리아'(Nikopoia)는 의연히 선 마리아와 그 앞에 앉은 어린 예수로 묘사된다. 이 유형의 성화는 일찍이 5세기 전반에 생겨났으며, 특히 비잔틴 문화권에서 많은 사랑을 받았다. 마리아는 제왕이 입는 자줏빛 의복을 입고 온갖 보석으로 장식된 옥좌에 앉아 있다. 마리아는 여제女帝처럼 묘사되곤 한다. 헤라클리오스Heraklios가 황제 포카스Phokas의 폭정에 맞서 싸우며 '승리의 마리아'를 수호의 상징으로 택한 것이 마리아가 승리를 불러오는 분이라는 칭호를 얻게 된 유래다. 천상의 여왕인 마리아를 천상의 신하인 천사들이 섬기는 모습으로 묘사된 성화도 있는데, 베들레헴 마리아 성당에 이러한 성화가 걸려 있어서 많은 순례자가 작은 모사본을 얻어 간다.

서유럽에서 널리 알려진 '승리의 마리아'에는 오늘의 우리가 받아들이기 어려운 특징이 있다. 그리스도교 신자인 전사들은 마리아 성화를 전쟁터에 가지고 갔다. 그들은 전쟁에서 이기도록 마리아가 도와준다고 믿었다. 많은 나라가 마리아의 특별한 보호를 받고자 했다. 그중 하나가 바이에른이다. 바이에른의 선제후選帝侯 막시밀리안 1세Maximilian I는 마리아를 유난히 경애했다. 그는 마리아 성지 알트외팅을 순례하는 일로 통치의 시작을 고했고, 1618년에는 마리아 성화를 들고 '삼십년전쟁'에 참전했다. 이렇게 그릇된 마리아 공경을 완강히 거부하는 것은 오늘날 당연한 일이다. 우리에게 '승리의 마리아'는 또 다른 의미로 다가온다.

마리아는 예수를 자신의 앞에 세워서, 다름 아닌 그분이 승리를 불러오는 분임을 보여 준다. 마리아 앞에 앉은 예수는 옥좌에 있다. 그분이 세상의 지배자다. 그분 앞에서는 적들도 무릎을 꿇는다. 우리를 예수에게 인도하는 마리아에게 의탁할 때, 우리는 그분과 함께 우리 내면의 적들을 물리칠 수 있다. 내면의 적이란 불안과 우울, 분노와 증오, 적개심과 불화다. 우리의 삶도 일종의 전쟁이다. 그 전쟁터에서 우리는 상처를 입는다. 마리아는 삶이라는 전쟁을 몸소 이겨 낸 강인한 여인이다. 또한 하늘과 땅을 다스리는 옥좌에 있는 예수에게 우리를 인도하는 여인이다. 예수가 옥좌에 앉아 세상을 다스린다는 것은 쉽사리 납득이 간다. 하지만 여기서는 그저 여인일 뿐인 마리아가 옥좌에 올라서 여제나 천상의 여왕처럼 세상을

작자 미상, 「승리의 마리아」, 베네치아 산 마르코 대성당

다스린다. 이러한 모습을 바라보고 있노라면 또 다른 생각이 떠오른다. 마리아는 우리처럼 온전히 흙으로 빚어진 인간이다. 그런데 마리아는 그리스도께서 자신의 내면을 다스리게 함으로써, 그분 안에서 스스로 지배자가 되었다. 마리아는 우리에게 희망을 말한다. 우리도 삶이라는 투쟁에서 결국 승자가 되리라고 독려한다. 오늘날 많은 사람이 자신의 삶을 성취하지 못할까 봐 두려워한다. 스스로를 실패자나 패배자로 느낀다. 마리아는 이런 사람들에게, 그들도 삶을 제대로 성취하리라는 믿음을 전하고자 한다. 주님께서 굽어보신 '비천한 종' (루카 1,48 참조) 마리아는, 우리도 하느님께서 굽어보시어 예수가 사도들에게 약속한 것처럼 옥좌에 앉게 된다는 보장이기도 하다. 옥좌에 앉은 사람이란 내적으로 흔들림 없는 꿋꿋한 사람이다. 자신이 앉은 내면의 자리에서 쉽사리 내팽개쳐질 사람이 아니다. 그들은 자신의 감정과 영혼의 적을 다스릴 줄 안다. 또한 남들이 자신을 적대시해도 쉬이 흔들리지 않는다. '승리의 마리아'는 우리의 삶도 성취될 것이며, 우리가 실패자나 패배자가 아니라 삶이라는 전쟁을 이겨 낼 승리자라는 확신이 우리 내면에서 자라나게 한다.

14. 젖을 먹이는 마리아

아기 예수에게 '젖을 먹이는 마리아'(*Galaktotrophusa*), 또는 '젖을 먹여 키우는 마리아'라는 모티프의 이콘이 있다. 서방 교회에서는 '젖을 물리는 마리아'(*Maria lactans*)로 알려져 있다. 이콘에서 마리아는 젖가슴을 드러내 놓고 무릎에 앉은 아기 예수에게 젖을 주려고 한다. 어떤 사람들은 이 모티프가 이집트에서 왔다고 말한다. 아들 호루스에게 젖을 먹이는 이시스 여신과 비슷하다는 것이다. 게다가 이러한 모티프로 그려진 최초의 성화 중 하나가 이집트에서 나왔다. 그렇지만 이는 '젖을 먹이는 마리아'에도 인간의 원초적 동경이 투사되어 있음을 말해 줄 뿐이다. '젖을 먹이는 마리아'는 서방 교회 가운데서도 특히 이탈리아에 널리 퍼졌다. 13세기에는 많은 예술가가 이 장면을 그렸는데, 엄마와 아기가 나누는 다정한 친교에 기뻐한 것이 분명하다. 그들은 하느님께서 우리 인간과 맺은 아주 가깝고 친밀한 관계를 묘사하고자 했고, 그것은 아기 예수를 대하는 마리아의 애정 어린 몸짓으로 표현되었다. '젖을 먹이는 마리아'는 단순히 마리아가 아기 예수를 젖 먹여 키웠다는 사실보다 더 깊은 의미를 전하고자 한다. 종교적 상징론에서 젖은 영적 · 정신적 양식과 불멸의 표상이다. '젖을 먹이는 마리아'를 바라보며 우리는 우리를 불멸의 생명으로 가득 채우시는 하느님을 어렴풋이나마 느끼게 된다. 그분은 어머니처럼 다정한 손길로 우리를 충만하게 하신다.

마리아를 구약의 아가에 비추어 이해하려는 시도는 중세에 시작되었다. 당시 사람들은 마리아의 젖가슴을 찬미했다. 아가에 담긴 연인들의 언어는 '사랑의 신비주의'의 언어가 되고, 마리아의 젖가슴은 구원의 샘이 되었다. 하느님은 이스라엘 백성에게 젖과 꿀이 흐르는 땅으로 데려가겠다고 약속하셨다. 400년경 안키라의 테오도투스Theodotus Ancyranus 주교는 그리스도인들에게 마리아에게서 나오는 구원의 젖을 마시라고 했다. "마리아에게 생명의 원천이 있다. 영적이고 순수한 젖이 도는 젖가슴이 있다. 이 젖가슴에서 달콤한 젖을 빨아먹으려고 우리는 지금도 열심히 모여든다. 우리는 지난 일을 잊기보다 다가올 일을 갈망한다"(Schreiner 177). 교부들은 마리아의 젖가슴에서 당신의 다디단 사랑을 젖 먹이시는 하느님의 표상을 보았다. 중세에는 마리아의 젖가슴이 감각적으로 체험할 수 있는 사랑에 대한 갈망의 상징이 되었다. 몇몇 그리스도교 분파는 감각적 사랑을 죄 많은 정욕의 상징으로 여겼지만, 이제는 하느님 사랑으로 들어가는 신비로운 문이 되었다.

마리아는 자비로운 어머니이기도 하다. 아마트리체의 필로테시Filotesi dell'Amatrice의 작품을 보면 마리아가 연옥에 있는 영혼들을 단말마의 고통에서 구원하고자 그들에게 자신의 젖을 뿌린다. 마리아는 하느님의 정의에서 눈을 돌려 그분의 자비를 바라본다. 젖가슴을 드러낸 마리아가 죄인들에게 정의가 아니라 자비를 베풀어 달라고 하느님께 청한다. 이러한 모습이 사람들의 마음에 닿아서 그들은 마리아에게서 자비로운 어머니만이 아니라 자비로운 하느님도 만났다. 마리아 안에서 그분의 자비는 정의를 넘어선다.

중세에는 마리아의 젖가슴이 사람들을 치유하는 원천이었다. 마리아가 자신에게 젖을 주는 환시를 보았다는 병자가 많았다. 그들은 곧 완쾌되었다. 다른 한편으로 마리아의 젖가슴은 마리아를 통해 인간에게 흘러드는 하느님의 지혜를 상징하기도 했다. 전설에 따르면 클레르보의 베르나르도Bernhard de Clairvaux는 마리아의 젖가슴에서 지혜를 빨아들였다고 한다.

요스 반 클레브(1485?~1540/1), 「성모자」, 뉴욕 메트로폴리탄 미술관

중세에 생겨난 수많은 전설은 마리아가 여러 설교자들에게 젖을 베푼 덕에 그들이 전하는 말씀이 다른 많은 사람의 가슴에 닿았다고 노래한다. 전설들이 전하는 지혜는 지금도 유효하다. 많은 성직자가 지식의 샘에서만 물을 퍼 올린다. 그래서 그들의 말에는 감동이 없다. 사람들의 마음에 닿지 않기 일쑤다. 마리아의 젖을 먹고 자란 말씀은 가슴에서 우러나와 마음을 움직인다. 젖가슴을 드러내 보이는 마리아 성화를 마주하노라면 우리의 영혼도 하느님 가슴에 감동하여 하느님의 다디단 젖으로 충만하기 바라는 갈망이 고개를 든다.

15. 반항적인 젊은 처녀

신학적 지향에 따라 마리아를 보는 눈이 다르기 마련이다. 해방신학은 나자렛 출신의 구체적인 여성에게 주목한다. 예컨대 마리아를 가난한 집에서 태어나 부유한 자들을 비판하는 젊은 처녀로 보는 것이다(루카 1,46-56). 가난한 집에서 난 마리아는 스스로 비천하다 느끼면서도, 이제부터는 모든 세대가 자신을 행복하다 하리라고 자신했다. 도로테 죌레Dorothee Sölle는 마리아를 반항하는 젊은 처녀로 보는 관점을 선호했다. "그로써 젊은 처녀에 대한 새롭고 더 나은 모습에 다다른다. '당신이 방금 한 말은 당신이 생각해도 미련하기 짝이 없는 소리요'라고 대주교에게 서슴없이 말한 잔 다르크Jeanne d'Arc처럼 마리아는 당돌했다. 이런 관점에서 마리아는 그저 얌전하기만 한 처녀가 아니라 반항하는 처녀이기도 했다. 마리아를 통해 하나가 된 당돌함과 자비로움은 삶에 기만당한 사람들에게 희망의 표상이 되었다"(Thiele 26). 죌레는 마리아를, 정치적 성격을 띠거

나 페미니즘과 관련된 해방운동의 중요한 본보기로 여겼다. 또한 예부터 마리아가 여성들에게 자극이 되어 남성들이 억지로 떠맡긴 부자유한 역할에서 벗어나게 했다고 믿는다. "나는 마리아를 사랑한, 우리를 앞서 간 수많은 여성이 눈이 멀거나 기만당하기만 했다고 생각하지 않는다. 그들은 분명 저항했을 것이고 우리는 그 저항에서 무언가를 배울 수 있다"(같은 책 27).

가톨릭 여성신학자 힐데가르트 뤼닝Hildegard Lüning은 해방신학을 통해 마리아를 새로이 만났다. 뤼닝은 어렸을 때 너무 감미롭기만 한 마리아상을 보면 몹시 싫었다고 한다. 그러다 멕시코에서 '마리아들'이라는 이름의 여성운동을 알게 되었다. 운동가들에게 왜 하필 '마리아들'로 이름 붙였냐고 물으니, 남아메리카에서 가난한 이들의 희망인 '과달루페의 성모 마리아'를 생각해 보라고 답했다. 그러면서 이천 년 전, 통치자들을 왕좌에서 끌어내리시는 주님을 찬양한 마리아(루카 1,52)를 이야기했다. 뤼닝은 "멕시코에서 나자렛 마리아가 한 예언이 그 가난한 이들의 기도에서 핵심을 이루고 있으며, 이 예언이야말로 불의를 당하는 모든 이들의 확실한 희망이자, 불의에 맞서 일어서라는 격려임을 알게 되었다"(Thiele 24). 그들은 뤼닝

도메니코 기를란다요(1449~1494), 「마리아의 엘리사벳 방문」, 파리 루브르 박물관

에게 자신들이 걷는 해방의 길에서 마리아가 왜 그토록 중요한지 설명해 주었다. "우리는 미혼모이거나 생존을 위해 가족과 함께 고향을 등져야 했던 이농자, 독재자의 손아귀에서 벗어나고자 멕시코로 도망 나온 망명자들입니다. 마리아는 이런 우리가 겪는 고난과 희망을 몸소 감내한 분입니다"(같은 책 24-5).

마리아 공경의 역사를 살펴보면, 순박하고 가난한 사람들은 타인에게 규정되지 않고 자신의 삶을 사는 용기를 마리아에게서 얻었다. 마리아 공경은 가난한 이들의 피신처였다. 마리아 앞에서 그들은 자신에게 맞갖은 기도를 할 수 있었다. 교회와 성직자의 구속에서 벗어나 자유로워짐을 느꼈다. 그렇게 민간신앙은 종살이하는 가난한 이들의 영혼에 꽃폈다. 가정에서 남편에게 억압받는 여성들이 마리아에게서 자신의 존귀한 본모습을 발견했다. 남들이 자신을 제멋대로 쥐고 흔들도록 놓아두지 않게 되었다. 마리아 성지로 순례 길에 오르며 여성들은 가정이라는 좁은 틀에서 벗어났다. 마리아에게서 자유로움과 존귀함의 원형을 발견하고, 자신의 본모습으로 되돌아올 수 있었다. 어머니 마리아만이 아니라, 사회적 인습을 탈피한 마리아도 그들의 관심을 끌었다. 마리아는 스스로 길을 떠나 험준한 산악을 거쳐 엘리사벳을 찾아갔다. 자유롭지 않은 집을 떠나 석 달을 엘리사벳과 함께 지냈다. 마리아는 다른 여성들과 연대했다. 마리아는 엘리사벳의 집에서 주님을 찬양하는 노래를 불렀고, 수많은 여성이 이 노래를 통해 자신을 되찾았다. "그분께서 당신 종의 비천함을 굽어보셨기 때문입니다. 이제부터 과연 모든 세대가 나를 행복하다 하리니"(루카 1,48)라고 마리아와 함께 노래하며 자신의 존귀함을 발견했다. 그들은 가정과 사회에서 권력을 쥔 자들을 향해 노래할 수 있었다. "그분께서는 당신 팔로 권능을 떨치시어 마음속 생각이 교만한 자들을 흩으셨습니다. 통치자들을 왕좌에서 끌어내리시고 비천한 이들을 들어 높이셨으며 굶주린 이들을 좋은 것으로 배불리시고 부유한 자들을 빈손으로 내치셨습니다"(루카 1,51-53). 가난한 이들은 이 말씀의 의미를 알아들었다. 신학적 설명은 필요하지 않았다. 그 말씀이 그들이 당하는 억압과, 해방을 향한 염원을 드러내 노래한 덕이다. 마리아 공경은 분명 혁명적이었다. 여성들은 자신을 되찾고, 성지 순례 이전과는 다른 사람이 되어 집으로 돌아왔다. 더 이상 남들이 자신을 억압하는 대로 놔두지 않았다. 권력 쥔 자들의 권세에도 위축되지 않았다. 마리아를 통해 모든 권세가 뒤바뀔 수 있음을 배운 것이다. 또한 하느님 앞에서는 다른 잣대가 적용된다는 것도 깨달았다. 어떤 자들은 제가 가진 권세가 여전히 무소불위라고 생각할 것이다. 하지만 그들의 권세는 꺾인 지 오래다.

 16. 모후

화가들은 마리아를 '모후'母后로 그리기를 좋아했다. '라우레타노 성모 호칭기도'(Litaniae Lauretanae)는 마리아를 열세 번이나 '모후'라 부른다. 마리아는 '천사의 모후'이자 '성조와 예언자의 모후', '모든 성자의 모후', '평화의 모후'다. 수도원에서는 전통적으로 매일 저녁 끝기도를 바친 다음 10세기 무렵에 만들어진 마리아 찬가인 「모후이시며」Salve Regina를 노래하며 마리아를 찬미한다. 우리 수도원에 찾아와서 끝기도를 함께하는 방문객들은 그 마리아 찬가가 늘 마음 저 깊은 곳에 닿는다고 한다. 그들은 우리 수도자들이 노래하는 내용을 이해하지 못할 때도 있지만, 자신에게 좋은 영향을 미치는 것을 느낀다. 「모후이시며」는 마리아를 모후이시며 사랑이 넘친 어머니라고 찬미한다. 수도자들은 어머니 같은 하느님의 품에 안겨서

디에고 벨라스케스(1599~1660), 「천상모후의 관을 쓰는 마리아」
마드리드 프라도 박물관

「모후이시며」 필사본
아인지델른 수도원 도서관

잠들기 전에 이 다정한 마리아 찬가를 노래하며 하루를 마감한다.

　마리아가 머리에 관을 쓰고 의연히 선 성화를 묵상하노라면, 우리는 스스로를 임금으로 다시 보게 된다. 모든 인간은 각자가 임금의 아들이며 딸이다. 인간의 가장 큰 죄는 자신이 임금의 아들딸임을 잊어버리는 짓이라고 말한 유다교 랍뻬도 있다. 모후는 지배받지 않는다. 지배할 뿐이다. 자신의 내면에 머물기에 타인에게 흔들리는 법이 없다. 모후는 의연히 서서 당신을 바라보는 이를 일으켜 세운다. 몸소 평화가 충만한 분이기에 평화를 선사한다. 모후는 당신 자신과 일치를 이룬 분이다.

　예부터 사람들은 '모후 마리아'를 마주하며 그 안에서 자신을 새로운 눈으로 보았다. 하느님께서 나자렛의 순박한 처녀를 모후로 만드셨다면, 우리가 스스로를 아무리 보잘것없는

마리오토 디 나르도(1394~1431 활동), 「천상모후의 관을 쓰는 마리아」
미네아폴리스 미술관

존재라 여길지라도, 우리에게 내재한 결핍과 불안으로 아무리 고통당할지라도 우리도 임금처럼 존귀한 존재임이 분명하다. 출신이 고귀한 자만이 임금의 권한을 얻는 것은 아니다. 변변치 않게 살아간다 할지라도 모든 인간은 임금처럼 존귀하다. 마리아를 모후로 묘사한 성화를 묵상한 수많은 남녀가 의연한 자세로 집으로 돌아갔다. 이제 그들은 남들이 자신을 욕보이게 두고 보지 않는다. 자신의 내면에 있는, 어느 누구도 앗아 갈 수 없는 존귀함을 발견했기 때문이다.

　예술가들은 '모후 마리아'를 다양하게 묘사했는데, 아들 예수가 천상모후의 관을 씌우는 모습으로 많이 그렸다. 예수는 마리아에게 당신 권세의 일부를 나눠 주었다. 마리아가 천상모후의 관을 받는 모습은 우리가 죽을 때 어떤 일이 기다리고 있을지 보여 준다. 그때는 우리도 관을 받아 한껏 치장할 것이다. 죽고 나면 원수들도 우리를 위협하지 못한다. 우리는 임금의 관을 받는다. 우리의 삶이 영원히 성취되었음을 믿는다. 우리의 삶은 목적지에 이르렀다. 현세에서 겪은 온갖 환란을 우리는 잊는다. 그 임금의 관은 마리아가 받은 관처럼 예수에게 받는 상인 것만 같다. 여기서 모티프를 얻은 요한 제바스티안 바흐Johann Sebastian Bach는 종교개혁기념제를 위해 아름다운 칸타타를 작곡했다. 알토와 테너가 조화를 이루는 곡이었다. "입술에 늘 하느님을 모시는 이는 얼마나 행복한가! 허나 믿음으로 하느님을 모시는 마음은 더욱 행복하도다! 이 마음은 결코 패배하지 않으며, 원수를 물리치고, 결국에는 죽음을 이겨 내고 왕관을 받아 쓰리라." 바흐가 루터교회 신학과 영성으로 이해하여 드러낸 바를, 가톨릭 전통은 마리아가 천상모후의 관을 쓰는 모습으로 표현했다.

마리아를 옥좌에 앉은 분으로 묘사하는 성화도 많다. 낭만주의 미술에서는 마리아를 엄한 여왕으로 그린다. 이런 성화는 전례화와 같아서 그 안에서 구원의 신비를 살펴야 한다. 고딕 미술에서는 마리아가 미소를 띤 아름다운 천상모후로 다가온다. 미소 띤 천상모후는 우리에게 모후의 자유가 어떤 것인지 말해 준다. 천상모후는 만물 위에 선 분이다. 모후는 미소 짓는다. 그 미소는 내면의 우월과 자신과의 일치로부터 우러나오는 미소다. 그 밝은 얼굴은 천성이 아니라 영적 체험의 결과다. 마리아는 오직 하느님을 내면의 지배자로 받아들이기에, 다른 누구의 지배도 받지 않는다. 그래서 마리아는 자신이 만나는 모든 존재에게 미소로 답할 수 있는 것이다.

17. 보호 외투의 마돈나

마리아는 '마돈나'라는 이름으로도 널리 알려져 있다. '마돈나'는 본디 '저의 마님'이라는 뜻으로, 오늘날의 '부인'과 같은 존칭이다. 마리아가 여인 중의 여인으로 묘사되는 것이다. 그런데 마리아를 묘사하는 데도 다양한 유형이 있다. 예컨대 1400년을 선후해서 '국제 고딕 양식'이라는 새로운 미술 양식이 등장했는데, 그때 그려진 '아름다우신 마돈나'가 있다. '아름다우신 마돈나'는 특히 프라하와 보헤미아, 동 프로이센에 널리 전파되었다. 그런데 순박한 평민들은 수많은 마돈나 성화 가운데서도 '보호 외투의 마돈나'를 각별히 사랑했다. 이 성화에서 마리아는 품이 아주 넓은 외투를 입고 옷자락을 펼쳐 왕과 주교는 물론 농부와 노동자, 그리고 가난한 이와 병든 이까지 감싼다. 마리아의 외투는 모든 이를 받아들인다. 품이 넓은 외투는 여러 문화권에서 보호의 상징이다. 중세에는 '외투 보호'라는 관습법이 있었다. 외투는 입양된 아이들이 안전한 보호 아래 성장하는 것을 상징했다. 자신의 외투로 처녀들은 법정에 선 피고인을 유죄판결에서 구제하거나, 이런저런 이유로 박해받는 이를 보호할 수 있었다. 서유럽 미술에서는 13세기부터 외투로 보호하는 마돈나를 그리기 시작했다. 당시는 흑사병이 걷잡을 수 없이 창궐하던 시기여서 '보호 외투의 마돈나'가 크게 유행했다. 그리스도인들은 전쟁과 질병과 적대자의 위협에서 자신들을 보호하는 마리아를 느꼈고, 나아가 마리아를 통해 보호하시는 하느님을 체험했다. 마리아의 외투 아래서 은신처를 찾는다는 모티프는 누구보다도 죄인들에게 희망의 상징이었다. 그들은 마리아의 외투 아래로 몸을 피하면 형벌을 면할 수 있다고 생각했다.

마리아에게 바치는 가장 오래된 기도는 4세기에 만들어진 것으로 마리아의 보호를 기원한다. "거룩하신 성모 마리아여, 저희는 당신의 보호하심 가운데로 몸을 피하나이다." 1640년에는 '보호 외투의 마돈나'가 찬가로 만들어져 사람들이 즐겨 부르게 되었다. "마리아여, 외투를 펼치시어 그 자락으로 우리를 감싸소서. 폭풍이 모두 지나갈 때까지 그 아래 머물게 하소서. 선의 수호자여, 우리를 늘 돌보소서. 당신의 외투는 넓디넓어 온 그리스도인을 덮고 온 세상을 덮습니다. 모든 이의 피신처요 장막입니다." 이 찬가는 다음 구절로 끝을

맺는다. "오, 자비의 어머니여, 우리 위에 외투를 펼치소서. 어떤 위험이 닥쳐와도 그 아래에서 늘 보호하소서."

1945년 4월 7일 우리 큰누님은 첫영성체를 받았다. 미사가 끝나고 신자들이 성당 밖으로 나왔을 때 미군 탱크가 다가오고 있었다. 그때 어느 수녀님이 자신이 입고 있는 검은 외투로 누님을 감싸 주었다. 군인들의 눈에 띄지 않게 하기 위해서였다. 이러한 상황에 처하면 어머니들은 외투로 제 아이를 가려 아이가 안전히 보호받고 있음을 느끼게 한다. 이는 하느님께서 펼치시는 보호 외투의 놀라운 상징이다. 하느님께서는 넘치는 사랑으로 우리 위에 외투를 펼치시어 거칠고 차가운 세상에서 우리를 보호하신다. 적의에 찬 눈빛과 공격적인 말들에 상처 입지 않게 하신다.

마리아는 하느님의 보호하심을 바라보게 한다. 그리고 우리도 내면에 있는 모든 것, 즉 강하고 큰 것에서 약하고 작은 것까지 우리 자신의 외투로 감싸게 한다. 우리 내면에 있는 모든 것은 제자리를 찾아야 한다. 그 어떤 것도 관심 밖으로 밀려나서는 안 된다. 우리는 저 높은 곳에서 깊은 곳까지 자비의 외투를 드리워야 한다. 자신을 비난하고 자신에게 분노하는

프란체스코 그라나치(1469~1543), 「보호 외투의 마돈나」
피렌체 오스페달레 델리 인노첸티

일을 그만두려면 자비롭고 온화한 어머니의 눈길이 필요하다. 우리 내면에 있는 어떤 감정이나 생각들은 마리아의 외투 아래로 숨으려고 하는 버림받은 아이와도 같다. 이런 감정이나 생각들이 버림받았다는 느낌이 들지 않게 하려면 보호 외투가 있어야 한다. 마리아 성화에는 치유의 능력도 있다. 마리아 성화를 바라보노라면 스스로를 좀 더 조심스레 대하게 된다. 자신의 내면에서 버림받은 것을 다시금 살피고 받아들이게 된다. 우리는 무엇보다도 내면의 버림받은 아이를 각별히 돌봐야 한다. 그렇지 않으면 그 아이는 영원히 버림받았다고 느낄 것이다. 감싸고 보호하지 않으면 그 아이는 우리의 행동에 영향을 미쳐 해를 끼칠 것이다. 반면에 주의를 기울이고 사랑으로 수용하면 사랑과 생명의 원천이 될 것이다.

18. 이삭 무늬 옷의 마돈나

'이삭 무늬 옷의 마돈나'는 14세기에 들어서 수녀원을 중심으로 전파되었다. 마리아는 이삭 무늬로 수놓인 옷을 입고 두 손을 가지런히 깍지 낀 채, 성전의 동정녀로 풀밭이나 성전에 홀로 선 모습이다. 그리스 정교회에서는 마리아 축일에 이러한 찬가를 부른다. "흠 없이 열매 맺는 토지이신 마리아님 기뻐하소서. 약속의 땅이신 마리아님 기뻐하소서." 마리아는 열매를 맺는 하느님의 밭이다. 이는 마리아가 동정녀의 몸으로 예수를 잉태했음을 가리킨다. 하느님의 밭이라는 표상은 예수께서 말씀하신 씨 뿌리는 사람의 비유에서 비롯되었다. 하느님의 말씀이 좋은 땅에 떨어지면 백배의 열매를 맺는다는 것이다. 마리아는 원죄에 물들지 않았기에 가시덤불 없는 하느님의 밭이다. 하느님의 밭이라는 표상과 '이삭 무늬 옷의 마돈나'는 신앙적으로 성찬과 관계가 있다. 아르메니아의 한 주교는 이렇게 찬미했다. "현명한 땅이시며 죄악의 가시덤불 없는 밭이시여. 씨 없이 천상의 나무를 세상에 낳으시어 배고픈 우리에게 생명의 빵을 선사하셨네." 마리아는 우리에게 예수 그리스도를 선사했고, 그리스도는 우리에게 성찬의 빵으로 당신 스스로를 내어 주시어, 우리를 하느님의 생명으로 가득 채우셨다.

아가에서는 신부新婦를 "그대의 배는 나리꽃으로 둘린 밀 더미"(아가 7,3)라고 이른다. 그러니 '이삭 무늬 옷의 마돈나'는 초대 교회가 아가에서 발견한 신비주의 체험의 표현이기도 하다. 마리아는 하느님께서 몸소 아름답게 꾸미신 신부다. 마리아의 몸은 밀 더미처럼 열매로 가득하다. 짐작건대, 아가의 이러한 표상에는 성적 의미가 있다. 그렇지만 교부들에게는 마리아가 하느님의 사랑으로 열매를 맺는다는 뜻이었다.

'이삭 무늬 옷의 마돈나'는 특히 15세기에 대단히 사랑받았다. 알프스 푸스터탈에 있는 마을 마리아 에렌부르크에서는 마리아가 곡식의 어머니로 묘사되어 있다. 마리아가 화환을 두른 성화도 있다. 민간신앙에서는 이러한 성화를 보며 풍성한 수확을 가져오는 창조의 표상을 마리아에게서 발견했다. 곡식의 자라고 익어 가는 모습을 마리아와 연결 지은 것이다. 이러한 성화를 묵상하며 평민들은 그들의 삶도 풍성히 열매

작자 미상(1450년경 작), 「이삭 무늬 옷의 마돈나」
인스부르크 페르티난데움 티롤 주립박물관

맺으리라 희망했다. 여기서도 특정한 인간상 하나가 분명히 드러난다. 인간은 열매를 맺는 땅과 같다는 것이다. 인간은 다른 사람에게 빵이 되기 위해 존재한다. 서로가 서로를 먹여 살린다. '이삭 무늬 옷의 마돈나'는 우리가 서로에게 의지한다는 사실을 보여 준다. 또한 다른 사람을 먹여 살릴 수 있는 그 무엇이 우리 안에도 있음을 말해 준다.

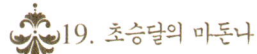# 19. 초승달의 마돈나

'초승달의 마돈나'는 요한 묵시록에 나오는 신비한 여인과 관계가 있다. "그리고 하늘에 큰 표징이 나타났습니다. 태양을 입고 발밑에 달을 두고 머리에 열두 개 별로 된 관을 쓴 여인이 나타난 것입니다"(묵시 12,1). 태양은 남성을 상징한다. 마리아가 태양을 입었다는 말은 그리스도를 옷 입었다는 뜻이다. 달은 예부터 여성을 상징한다. 여성의 주기는 달의 주기에 따른다. 달은 늘 변화한다. 작아졌다 커지고, 커졌다 작아진다. 달이 다시금 새로운 빛으로 빛나려면 먼저 죽어야 한다. 교부들에게는 이러한 이치가 그리스도가 우리 내면에서 더욱 밝은 빛을 발할 수 있도록 우리도 죽어야 한다는 것을 의미했다. 달은 다양한 종교에서 풍요와 다산을 상징한다. 따라서 하느님의 아들을 낳은 마리아에게 달이라는 상징이 붙은 것은 당연한 일이다. 우리의 삶도 마리아의 축복 아래서 풍성한 열매를 맺는다.

'초승달의 마돈나'는 묵시록을 배경으로 이해해야 한다. 마리아가 하느님의 임재臨在를 뜻하는 표징이라는 것이다. 마리아가 초승달 위에 앉은 모습을 바라보노라면, 이 세상이 사라진다는 것과 그리스도께서 우리 내면도 송두리째 변화시키실 것을 깨닫게 된다. 그러면 이 세상이 우리를 지배하지 못한다. 세상은 예수의 탄생으로 권세를 잃었다. 또한 빛으로 둘러싸여 초승달 위에 앉은 마리아는 자신을 감싼 우주의 아름다움을 표현한다. 마리아는 온 우주의 아름다움을 자신의 내면에서 합일한다. 마리아의 내면에서 일어난 것은 온 세상에 영향을 미친다. 마리아는 세상의 주인이신 그리스도를 낳았다. 마리아에게만 우주적 의미가 있는 것은 아니다. 우리의 삶도 온 우주에 영향을 미친다. 마리아처럼 그리스도의 빛으로 충만해진다면, 우리도 이 세상을 더 밝고 따뜻하며 인간적이게 만드는 자취를 남길 것이다.

    초승달 아래에 뱀이 그려진 성화도 자주 눈에 띈다. 그렇게 예술가들은 하느님께서 뱀을 꾸짖으신 창세기 구절을 상기시킨다. "나는 너와 그 여자 사이에, 네 후손과 그 여자의 후손 사이에 적개심을 일으키리니 여자의 후손은 너의 머리에 상처

작자 미상(1460년경), 「초승달의 마돈나」, 뮌헨 레지덴츠 박물관

를 입히고 너는 그의 발꿈치에 상처를 입히리라"(창세 3,15). 마리아는 뱀의 머리를 짓누르는 새로운 하와다. 교부들은 뱀을 악마로 보았다. 마리아는 철두철미 그리스도로 규정된 존재이기에 뱀은 마리아에게 아무런 권세도 부리지 못한다. '초승달의 마돈나'는 그것을 바라보는 모든 이에게 희망의 상징이다. 그들은 그 어떤 악의 세력도 자신을 해치지 못하리라 희망한다. 또한 그들은 뱀이 제 발꿈치에 상처를 입히리라는 사실도 잊지 않는다. '초승달의 마돈나'를 묵상하는 사람은 그 속에서 자신이 처한 상황을 깨닫는다. 하지만 동시에 자신을 위협하는 온갖 위험에서 보호받고 있다는 확신이 내면에 자라난다.

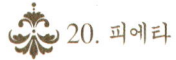 20. 피에타

'피에타'Pietà는 본디 '신앙이 깊다'는 뜻이다. 그런데 보통은 죽은 아들 예수를 무릎에 올려놓고 안고 있는 마리아를 이른다. 사람들은 '피에타'를 '저녁기도의 성화'라고도 부른다. 예수의 시신이 십자가에서 내려진 시간이 성무일도의 저녁기도 시간과 같은 까닭이다. '피에타'는 유럽에 흑사병이 창궐하던 14세기와 15세기에 널리 퍼졌다. 수많은 죽음을 슬퍼하던 평민들은 자신에게 희망을 줄 수 있는 표상이 필요했다. 죽은 예수를 깊은 사랑으로 안고 있는 마리아는 죽음에 맞서는 희망의 표상이다. '피에타'는 우리가 죽을 때 캄캄한 공포 속으로 떨어지는 것이 아니라, 어머니 같은 하느님의 두 팔에 안긴다는 것을 보여 준다. 또한 죽은 아들을 안고 있는 어머니는 나고 죽는 일이 서로 무관하지 않음을 말해 준다. 우리는 죽고 나서 없어지는 것이 아니라 새로 태어난다. 죽음은 아기가 태어날 때와 마찬가지로 하나의 고통스런 탄생이다. 하지만 그 목표는 영

원한 생명이다. 1360년경 독일 에르푸르트에 있는 세베루스 석관石棺을 조각한 예술가는 마리아의 품에 안긴 죽은 예수를 어린아이로 묘사했다. 그는 마리아가 성금요일 저녁기도 시간에, 어린 예수를 품에 안았던 옛 시절을 떠올렸다는 전설을 근거로 삼았다. 이는 나고 죽는 일이 내적으로 서로 관계가 있음을 보여 준다.

1400년경 '국제 고딕 양식'으로 그려진 수많은 성화에서 마리아의 얼굴은 온화한 표정을 띠기 시작했다. 마리아의 얼굴은 이제 고통으로 일그러져 있지 않았다. 마리아는 고요하고 경건한 마음으로 고통의 표현을 자제했다. 그래서 '피에타', 즉 '경건하다', '신앙이 깊다'라는 이름이 붙은 것이다. 가장 유명한 '피에타'는 로마 베드로 성당에 있는 미켈란젤로의 작품일 것이다. 미켈란젤로는 인간의 고통을 더할 나위 없이 조화롭게 묘사했다.

독일 슈반베르크에 있는 한 개신교 수녀회는 설립 후 처음으로 여러 수녀가 중병에 걸려 자리에 눕게 되자 피에타 상을 수녀원에 세웠다. 수녀들에게는 자매들의 죽음과 질병에 대해 성찰할 수 있는 표상이 필요했고, '피에타'를 통해 하느님

헤라르트 다비트(1460?~1523), 「피에타」, 빈터투어 오스카 라인하르트 컬렉션

의 눈으로 고통을 살필 수 있게 되었다. 죽은 아들을 두 팔에 안은 마리아보다 훌륭한 표상은 없었다. 그 어떤 묘사가 죽음을 이토록 위로할 수 있을까! 예부터 '피에타'는 많은 이에게 죽음에 대한 두려움을 덜어 주었다. '피에타'를 통해 사람들은 자신이 죽고 나면 어머니같이 다정한 하느님의 두 팔에 안기리라는 것, 즉 사랑에 넘치는 하느님의 품에 안겨 아무런 조건 없이 받아들여지고 사랑받으리라는 것을 알게 되었다.

헤르만 헤세Hermann Hesse는 소설 『나르치스와 골드문트』 *Narziss und Goldmund*에서 골드문트가 어머니를 찾아 평생을 헤매는 모습을 그렸다. 골드문트는 죽음에 이르면 어머니 품으로 돌아가 끝을 맺는다고 믿었다. 죽기 직전 그는 금욕적인 친구이자 수도원장인 나르치스에게 말한다. "자네는 어머니도 없는데, 어떻게 죽음을 맞이할 생각인가? 어머니가 없는 사람은 사랑할 수도, 죽을 수도 없다네." 죽음이 어머니와 관계되었다는 사실을 헤세는 분명히 알았다. 죽음에 이르면 우리는 어머니와도 같은 하느님 품에 떨어질 것이고, 그러면 그분은 받아 주실 것이다. 그래서 '피에타'는 예부터 수많은 이에게 죽음의 공포를 이겨 내고 각자의 죽음 앞에 희망을 품게 하는 위로의

빈센트 반 고흐(1853~1890), 「피에타」, 암스테르담 반 고흐 미술관

성화다. 예수가 마리아에게 안기듯 우리가 하느님 품에 안기게 되면 죽음도 더 이상 두렵지 않다.

죽음에 대한 두려움과 직면하는 일은 대단히 치유적이다. 어빈 얄롬Irvin Yalom은 전통적인 정신분석이 죽음에 대한 두려움을 철저히 외면했다고 주장한다. 의존증이나 강박증 이면에는 대개 죽음의 두려움에 대한 회피가 잠재해 있는데, 이를 간파하지 못했다는 것이다. 그래서 '피에타'는 치유의 성화다. '피에타'는 죽음의 두려움을 마주 보게 한다. 죽음의 두려움을 변화시켜, 그 두려움에 압도되지 않고 함께 살아가게 한다.

우리 어머니는 당신 장례식 때 무덤가에서 이렇게 찬가를 불러 주면 좋겠다고 늘 말씀하셨다. "마리아여, 당신의 자녀인 저를 축복하시어 이곳에서는 평화를, 저곳에서는 하늘나라를 찾게 하소서." 오늘날의 신학적 기준을 충족할 만한 찬가는 분명 아니다. 그렇지만 우리 어머니만이 아니라, 다른 많은 이도 자신의 무덤가에서 마리아 찬가가 불리기를 원했다. 그들은. 죽는다는 것이 어머니와 관계가 있다는 것을, 우리가 죽을 때 어머니 같은 하느님께서 사랑으로 받아 주신다는 것을 어렴풋이나마 알았던 것 같다. 이는 찬가의 마지막 소절에서 분명해지는데, 우리는 이 구절을 어머니 같은 하느님을 가리키는 표상으로 받아들일 수 있다. "마리아여, 우리의 마지막 순간을 축복하소서! 다디단 말씀으로 조용히 위로하소서! 당신의 부드러운 손길로 우리 눈을 감겨 주소서. 죽어서나 살아서나 우리 축복이 되소서." 1870년경에 쓰인 이 찬가는 오늘을 사는 우리의 마음을 불편하게 만들기도 하지만, 그것을 즐겨 부르는 수많은 사람에게는 어머니 같은 하느님께서 우리의 삶과 죽음에 동행하신다는 것을 느끼게 한다. 무덤가에서 마리아 찬가를 부르게 되면 죽음도, 장례도 분위기가 달라진다. 가혹하고 부당하다는 느낌이 사라지고 사랑과 다정함을 예감하게 된다. 죽은 이를 무덤 속으로 내려 보낼 때 마리아 찬가가 울려 퍼지면 우리가 그를 어머니 같은 하느님의 품에 의탁하고 있다는 것을 어렴풋이 알게 된다.

21. 고통의 어머니

'피에타'가 마리아의 고통을 표현하고 있기는 하지만, 정작 고통에 대한 성화는 따로 있다. 바로 '고통의 어머니'(Mater Dolorosa)다. 마리아는 예수의 십자가 아래 선 모습으로 묘사된다. 칼 한 자루가 마리아의 가슴을 꿰뚫은 성화도 많다. 예술가들은 늙은 시메온의 예언을 십자가 아래 선 마리아와 연관 지었다. 시메온은 아기 예수를 두 팔에 받아 안고, 아기를 통해 모든 민족에게 비칠 구원의 빛을 찬양하며 마리아에게 이렇게 말했다. "그리하여 당신의 영혼이 칼에 꿰찔리는 가운데, …"(루카 2,35). 마리아의 가슴에 칼 일곱 자루가 꽂힌 성화도 있는데, 이는 마리아가 살아가며 겪어야 했던 일곱 가지 고통, '성모칠고'를 뜻한다. 시메온이 예언했을 때, 이집트로 피신했을 때, 예루살렘 성전에서 예수를 잃었을 때, 십자가를 지고 가는 예수를 만났을 때, 십자가 아래 섰을 때, 죽은 예수를 품에 안았을 때, 그리고 예수가 무덤에 묻혔을 때 마리아는 고통을 느꼈다. 많은 여성이 성모칠고에서 자신을 재발견했다. 여성만이 겪는 고통이 있다. 예컨대 남편의 직장을 따라 외국에서 살아야 하는 경우, 타향살이에 지독히 외로움을 느끼곤 한다. 자식들이 뜻한 대로 자라 주지 않을 때도 있다. 어머니로서 납득할 수 없는 길로 가는 것이다. 자식들이 아파하거나 불행해할 때 그 고통을 곁에서 지켜봐야 하는 어머니의 마음은 쓰라리다. 자식이 세상을 먼저 떠나더라도 어머니는 제 자식을 놓아주어야 한다. 자식 잃은 부모를 위해 마련된 모임을 지도할 때마다 나는 아이 잃은 어미의 고통이 얼마나 깊은지 새삼 깨닫곤 한다. 이런 어머니들에게는 표상이 필요하다. 그들은 표상을 통해 고통받는 자신을 재발견하고, 제 고통이 변화하는 체험을 한다.

1300년경 야코포네 다 토디Jacopone da Todi는 「십자가 곁에 서 계신 어머니」stabat mater라는 시를 썼고, 이 시는 수많은 음악가의 손에서 아름다운 노래가 되었다. 음악가들은 이 작품이 인간의 고난과 그 고난을 극복하려는 인간의 바람을 알맞게 표현했다고 보았던 것 같다. "당신 아들이 십자가에 달렸을 때, 곁에서 그리스도의 어머니 고통스레 서시어 마음으로 우셨네. 고통의 칼이 죽음의 전율 아래 슬픔으로 가득한 영혼을 꿰뚫었네. 하느님의 독생자가 죽음과 싸우는 모습을 보며, 이

선택된 여인은 얼마나 아파했는가. 두려움과 비탄, 고난과 공포. 하나씩 감당하기에도 힘겨운 고통들이 어머니를 둘러싸고 있었네"(1847년 하인리히 보네Heinrich Bone 번역).

독일 후기 고딕 양식은 '고통의 어머니' 마리아를 고통받는 남성 예수와 비교하여 묘사했다. 자신의 고통을 살피려면 남성도 여성들처럼 표상이 필요하다. 표상은 우리가 고통을 억눌러 무감각해지지 않도록 돕는다. 이때 고통받는 남성인 예수를 살피는 일에는 또 다른 의미가 있다. 우리는 예수의 고난에서 우리를 향한 그분의 사랑을 깨닫는다. 17, 18세기를 중심으로 널리 전파되었던 예수의 고난에 대한 신심은 그분의 사랑을 더욱 깊이 묵상하고, 이웃의 고통에 마음을 열어 함께하고자 하는 노력이었다. '고통의 어머니' 마리아는 우리 인간 가까이에 있다. 마리아는 우리에게 자신의 고통을 직시하라고 하며, 고통이라는 것을 대하는 법을 보여 준다. 또한 여성이 남성과는 다른 식으로 고통을 대한다는 것을 보여 준다. 남성들은 고통을 견디기 위해 이를 악물곤 한다. 여성들은 고통을 내면에 깊이 받아들인다. 그리하여 고통을 감내하다가 결국은 변화시킨다. 고통을 통해 여성들은 영혼의 심연으로 들어가서

디르크 보츠(1410/20~1475), 「고통의 어머니」, 시카고 미술관

알브레히트 뒤러(1471~1528)
「고통의 어머니」
뮌헨 알테 피나코테크 미술관

인간 존재의 신비에 눈뜬다. '고통의 어머니'를 바라보노라면, 여성들이 고통을 어찌 받아들이는지 어렴풋이나마 짐작할 수 있다. 우리는 '고통의 어머니'를 통해 자신의 고통을 마주하며, 고통이 우리를 인간 실존의 신비로 인도하려 한다는 것을 알아차린다. 고통은 우리에게 온전한 인간이 되는 과정이 늘 순탄치만은 않다고 말한다. 가슴 아프지만 사랑하는 사람과 이별해야 하는 일도 허다하다. 그렇지만 이는 우리가 삶에 대해 품었던 그릇된 환상과 이별하는 일이기도 하다. 한편 고통은 우리를 삶과 사랑으로 이끌기도 한다. 고통 없는 사랑은 없다. 또한 고통 없는 삶도 없다. 고통은 우리를 하느님께로 깊이 이끈다. 고통이 있기에 우리는 하느님께서 어떤 분이신지 직감하게 된다. 하느님은 고통을 피하기보다 가로지를 때, 즉 묵묵히 감내할 때 만날 수 있다. 이때 만나는 하느님은 우리의 판단과는 다른 분이다. 그저 다정하고 좋기만 해서 당장 내 편으로 삼고 싶은 하느님이 아니라, 뼛속 깊이 파고드는 하느님, 내 마음을 뒤엎고 내 삶의 전부를 뒤흔드는 하느님이시다.

'고통의 어머니'는 고통을 부정하지 말라고 한다. 그렇다고 그저 눈물로 세월을 보내거나, 철모르는 아이처럼 굴거나, 밖으로만 나돌거나, 마약과 술에 빠지지도 말라고 한다. 중요한 것은 고통을 겪으며 성장하는 일이다. 마리아의 고통은 슬픔이라는 감정과 밀접한 관계가 있다. 슬픔을 소화하는 작업이 없다면 우리의 삶은 성취될 수 없다. 이때 사랑하는 사람을 잃고서 느끼는 슬픔도 중요하지만, 원치 않은 삶에 대한 슬픔도 중요하다. 아들의 죽음으로 슬퍼하며 눈물짓는 마리아는 우리 마음을 열어 다른 이들과 고통을 함께하고, 그 고통을 하느님께 바치게 한다.

22. 지혜의 자리

13, 14세기에는 마리아를 솔로몬의 왕좌에 앉은 모습으로 그린 성화가 등장했다. 솔로몬의 왕좌를 사람들은 지혜의 자리로 받아들였다. 구약에서 솔로몬은 지혜의 화신인 까닭이다. 마태오 복음서에서 예수는 남방 여왕이 솔로몬의 지혜를 들으려고 땅 끝에서 왔다며 "그러나 보라, 솔로몬보다 더 큰 이가 여기에 있다"(마태 12,42)고 했다. 마태오는 복음서 첫 부분에 지혜로운 동방 박사들이 구유에 누워 있는 아기 임금께 경배하러 왔다고 기록했다. 예수는 당신 내면에 동서남북의 모든 지혜를 합일한 분이다. 하느님의 지혜가 그분을 통해 계시되었다. 마리아는 지혜의 왕좌다. 그래서 로마네스크 양식에서 볼 수 있는 마리아 상은 왕좌에 앉아 동방 박사들에게 아기 임금을 보여 주는 마리아에게서 유래한다.

조르조네(1477/78~1510), 「왕좌에 앉은 마돈나」(부분), 카스텔프란코 베네토 대성당

중세에 솔로몬의 왕좌는 계단이 항상 여섯 단으로 묘사되었다. 프랑스 스트라스부르 대성당의 서쪽 입구에는 여섯 단으로 된 계단에 사자 열두 마리가 앉아 있다. 열두 사자는 이스라엘의 열두 부족, 또는 예수의 열두 사도를 상징한다. 오스트리아 구르크 대성당에는 지혜의 왕좌에 앉아 있는 마리아 앞에 여덟 가지 덕성을 의미하는 상징이 서 있다. 사랑(Caritas), 정결(Castitas), 고독(Solitudo), 정숙(Veracundia), 현명(Prudentia), 순종(Oboedientia), 동정(Virginitas), 겸손(Humilitas)이다. 이 모든 덕성은 마리아의 출중한 성품을 드러낸다. 이때 마리아는 여덟 덕성으로 나타나는 철학의 지혜를 체현하는 여성이다. 예술가들의 눈에는 마리아가 믿음의 모범일 뿐 아니라, 성취된 삶의 원형이다.

'지혜의 왕좌에 앉은 마리아'와 비슷한 성격의 성화로는 '사자의 마돈나'가 있다. 마리아는 한 마리 사자 위에 서 있거나, 두 마리 사자가 떠받친 왕좌에 앉아 있는 모습이다. 사자는 여러 의미로 해석할 수 있다. 마리아는 시편 91편에 나온 것처럼 힘센 사자와 용을 짓밟는다. 악에 흔들리지 않는다. 한편 사자는 왕권을 상징하기도 한다. 마리아는 유다의 사자라 불린 당신 아들을 바라보게 한다. 중세에는 사자가 하느님의 강생과 예수의 부활, 둘 다를 상징했다.

사자와 여덟 덕성을 거느리고 지혜의 왕좌에 앉은 마리아는 우리 자신의 지혜를 만나게 한다. 마리아는 '지혜의 자리'다. 마리아는 인간의 육신을 취하신 하느님의 지혜, 예수를 품에 안았다. 그렇지만 몸소 하느님 지혜의 화신이기도 하다. 일찍이 구약에서 지혜는 하느님을 나타내는 표상이었다. 독일의 신비주의자 하인리히 소이세Heinrich Seuse(1295~1366)는 무엇보다 지혜라는 표상을 통해 하느님을 만났으며 그 표상을 사랑했다. 그는 지혜의 여인이라는 여성적 표상을 통해 하느님을 이야기하고, 영원한 지혜를 섬기는 종을 자처했다. '지혜의 자리' 마리아는 지혜의 원천이신 하느님을 바라보게 한다. 그 지혜는 인간의 내면에서 제 모습을 드러내고자 한다. 하느님의 지혜로 온전히 충만해질 때, 우리도 왕좌에 오르게 된다. 세상이 우리에게 아무런 권세도 부리지 못한다. 여덟 덕성은 우리의 삶을 성취하게 한다.

독일어로 지혜를 뜻하는 '바이스하이트'Weisheit는 그리스어 '소피아'Sophia처럼 여성형 명사다. 예술 작품에서도 여덟 덕성은 늘 여성으로 묘사된다. 지혜는 우리의 삶을 성취로 이끄는 친절한 여인이다. 중세 예술가들은 지혜를 향한 인간의 오랜 갈망을 한데 모아 마리아를 그렸다. 마리아가 우리에게 지혜를 전해 주어, 우리가 삶을 성취하는 법을 알게 되길 소망한 것이다. 라틴어로 지혜를 뜻하는 '사피엔티아'Sapientia는 '맛보다', '인식하다'라는 뜻의 '사페레'sapere에서 유래한다. 고대 로마인에게는 제 스스로를 맛보고 인식할 줄 아는 사람, 미적 감각이 있는 사람이 곧 지혜로운 사람이었다. 마리아는 당신 자신과 일치를 이룬 여성이다. 마리아는 우리가 우리 자신과 화해해서, 자신을 맛보고, 주위에 좋은 맛과 향을 전하도록 이끄는 여성이다. 마리아 성화를 마주하노라면, 어디든 달고 기분 좋은 맛과 향이 흘러나오지 않는가.

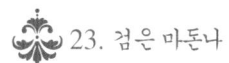 23. 검은 마돈나

아인지델른이나 알트외팅, 몬세라트처럼 '검은 마돈나'를 경배하는 순례지가 많다. 오리야크나 로카마두르, 퓌, 클레르몽페랑같이 로마네스크 양식으로 지어진 프랑스 성당 중에는 '검은 마돈나'가 있는 곳이 많다. 마리아가 검은 얼굴로 묘사된 이유에 대해서는 여러 추측이 있다. 어떤 이들은 아가에서 그 이유를 찾는다. "나 비록 가뭇하지만 어여쁘답니다"(아가 1,5). 중세에 클레르보의 베르나르도Bernhard de Clairvaux는 마리아의 내면은 밝았지만, 결혼도 하지 않은 몸으로 아이를 가졌다는 흠이 있어서 주위에서 보기에는 일단 '검었던 것'이라고 했다. 또 어떤 이들은 중세 연금술에서 검정이 변화의 색이었다는 점에 주목한다. '검은 마돈나'가, 하느님을 맑은 눈으로 바라볼 수 있을 때까지 인간이 겪어야 하는 고통스러운 변화를 뜻한다는 것이다. 검정은 어두운 대지를 의미하기도 한다. 땅에서 난 마리아는 땅을 대표한다. 하지만 땅에서 난 여인이 신성이

머무르는 자리가 되었다. 땅에서 난 우리 인간이 하느님의 성전이 된 것이다.

1996년부터 1998년까지 스위스 툰 호수 언저리에 있는 그바트에서는 '검은 마돈나'를 주제로 전시회와 강연회가 열렸다. 개혁교회의 남녀 목사들로 이루어진 한 모임에서 주최한 것이었다. 개혁교회는 교계의 거센 비판에도 이 행사를 지원했다. 비판의 초점은 주최자들이 '검은 마돈나'를 힌두교에서 숭배하는 검은 여신 칼리 또는 고대 이집트의 모신 이시스와 너무 밀접히 연관시킨다는 것이었다. 고대 검은 여신들은 인간이 품은 원초적 갈망을 드러냈다. 마찬가지로 '검은 마돈나'도 인간의 원초적 갈망을 수용해서 마리아에게 투사한 것이 분명하다. 인간의 신앙적 갈망을 잘라 내지 않고 받아들여 그리스도교의 표상에 투사하는 것은 교회가 지닌 지혜이기도 하다. 이렇게 해서 갈망에 변화가 일어난다. '검은 마돈나'를 경배하는 일은 단순히 오래전부터 계속되어 온 여신 숭배의 연장이 아니다. 경배자들은 마리아가 인간일 뿐이라는 사실을 언제나 잊지 않는다. '검은 마돈나'는 인간의 마음에 있는 갈망, 즉 우리 내면의 어둠도 하느님의 빛으로 밝아지리라는 갈

「몬세라트의 성모 마리아」, 카탈루냐 몬세라트 수도원

망, 우리 내면의 검은 구석도 고유한 아름다움을 띠리라는 갈망, 지상 한가운데 하느님의 영광이 빛나리라는 갈망이다.

많은 여성이 개혁교회가 '검은 마돈나'를 주제로 개최한 여러 행사에 참여하여 깊은 영적 체험을 했다. 이 프로젝트를 주도한 앙겔라 뢰머Angela Römer 목사는 말했다. "검은색은 여성들에게 보호와 보살핌을 뜻하는 긍정적 표상이다. 또한 내면의 어둠을 향해 고행의 길을 가고, 그 어둠에 짓눌리지 않고 똑바로 바라보고, 이렇게 자신을 깨닫는 과정에서 더욱 강건해지라는 요구다"(Römer 7). 강연회에 참석한 여성들은 매우 긍정적인 반응을 보내 왔다. 그중 몇 가지만 소개해 본다. "이제야 그리스도교에서 온전히 여성이 된 기분입니다." "교회라는 공간에서 영혼의 양식을 얻은 최고의 시간이었습니다." "'검은 마돈나'를 체험하며 제게 있는 여성성의 심층에 닿았습니다. 그곳은 제 감정과 직관과 사고의 근원이었습니다." "분명 우리 개혁교회에는 하느님의 여성적 측면이 결여되어 있습니다." "'검은 마돈나'만이 진정으로 새롭게 생각하게 합니다."

오늘날도 '검은 마돈나'는 사람들의 마음을 사로잡는다. '검은 마돈나'를 경배하려고 수많은 사람이 순례를 떠나는 모습을 보아도 그렇고, 그바트에 다녀온 여성들의 체험담을 들어도 그렇다. 어찌하여 다름 아닌 '검은 마돈나'가 사람들을 끌어당기는지, 그 이유를 꼬집어 말할 수는 없을 것이다. 다만 검은색이 평소 우리 신학이 소홀히 여겼던 하느님의 어떤 측면을 드러내는 것이 아닐까 짐작할 뿐이다. 우리는 하느님을 그저 사랑의 하느님으로만 여길 때가 있다. 이런 하느님은 우리 마음 저 깊은 곳을 어루만지지 못한다. 우리는 그분의 용솟음치는 권능을 약화하고 말았다. 우리는 '검은 마돈나'를 통해 여성의 신비와 만날 뿐 아니라 하느님의 어두운 측면을 직감하기도 한다. 하느님께는 우리가 이해하지 못하는 어두운 면도 있다. 십자가의 성 요한은 하느님을 체험하기 위해 우리가 통과해야 하는 어두운 밤을 이야기했다. 어둠 속에서 하느님은 우리에게서 멀어지신다. 그렇지만 때로는 밝게 빛나시어 영혼 깊은 곳에서 우리를 어루만지신다. 그때 우리는 깨닫는다. 하느님은 참으로 계신다! 우리가 상상해 온 것과는 완전히 다른 분이지만, 그분은 실재하신다.

'검은 마돈나'는 우리 안에 있는 검고 어두운 것들도 변화할 수 있다는 희망을 뜻하기도 한다. 우리는 '검은 마돈나'를 통해 자신에게 있는 검은 얼룩들, 결점들을 본다. 마리아는 우리 안에 있는 어두운 것들도 바라보라고 격려한다. 이런 것들까지 하느님은 받아 주신다. 어둠에도 나름의 아름다움이 있다. 어둠은 나쁜 것이 아니다. 우리 삶이 제대로 성취되기 위해 필요한 바탕이다. 어둠은 억누르면 억누를수록 파괴적 힘을 행사한다. 하지만 받아들이면, 우리 삶을 더 깊고 풍요로워지게 돕는 형제이자 자매가 된다.

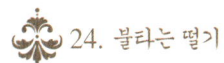 24. 불타는 떨기

교부들과 중세 신학자들은 예수의 죽음과 부활을 통한 구원의 신비를 드러내고자 구약에서 많은 상징을 끌어왔다. 예컨대 나무를 언급한 말씀에서는 십자가의 표상을 보았다. 마찬가지로 마리아에 대한 상징도 구약에서 발견했는데, '불에 타는데도 없어지지 않는 떨기'가 가장 사랑받았다. 마리아는 타 버리지 않은 채 하느님을 낳았다. 달리 말해, 마리아는 그리스도를 낳았으나 여전히 동정녀였다. 교부들은 '불타는 떨기'라는 표상을 마리아에게 적용함으로써 마리아가 곧 우리를 뜻하기도 한다고 일깨웠다. '불타는 떨기'는 우리 안에 있는 무가치하고, 메마르고, 간과한 것을 대변하기 때문이다. 우리가 무가치하다 여겨지는 곳에서, 메말라 시들어 버리고 좌절한 곳에서 우리 안에 있는 하느님의 영광이 밝게 빛난다. 하느님의 불은 우리를 태워 없애지 않으면서도 우리 안에 타오른다. 마리아가 그랬던 것처럼 우리는 하느님을 우리 안에 모실 수 있다. 그분

께서는 우리 안에서 태어나길 바라신다. 그래도 우리는 철두철미 인간으로 남을 것이다. 모세처럼 쉬이 넘어지고 나약하며 불완전한 인간일 것이다. 앞으로도 실패를 거듭할 것이다. '불타는 떨기' 마리아는 우리에게 말한다. "그대는 지금 모습 그대로 하느님의 영광이 머무르는 곳이다. 하느님의 빛이 그대 안에서 밝게 빛난다. 그럼에도 그대는 온전히 인간으로 남는다."

이러한 신앙은 마침내 칼케돈 공의회에서 담담히 선포된다. 하느님께서는 예수 그리스도의 몸으로 인간이 되시어 우리 인간의 본성을 받아들이셨다. 예수 안에서 하느님과 인간은 하나다. 그러나 두 본성은 혼합되지도 분리되지도 않는다. 예수는 온전히 인간이자 온전히 하느님이시다. 영지주의자들이 주장한 것처럼, 예수 안에서 신성과 인성은 분리되지 않는다. 그렇지만 신성과 인성이 혼합되는 것도 아니다. 교부들은 이러한 지혜를 '불타는 떨기'라는 표상에서 깨달았다. 이는 어떤 이론적인 지식이 아니라, 우리의 인간 존재를 이해하는 데 따른 필연적 귀결이었다. 우리처럼 철두철미 인간인 마리아는 우리가 시험에 걸려 넘어지고, 나약하기도 하며, 때로는 무력

니콜라 프로망(1430?~1483/86), 「불타는 떨기」, 엑상프로방스 생 소뵈르 대성당

하기까지 한 인간으로 남을 것이라고 일깨운다. 그럼에도 마리아에게 일어난 일은 우리에게도 일어날 것이다. 우리 안에서도, 하느님은 태어나고자 하신다. 우리 안에서도, 하느님의 불은 타올라 다른 이들이 그분의 따스한 빛을 보고 느끼게 된다. 그렇더라도 완전히 영적인 인간이라도 되는 양 기고만장해서는 안 된다. 우리는 여전히 인간일 뿐이다. 떨기처럼 무의미하고, 눈에 띄지도 않으며, 불타서 사그라진 존재인 것이다. '불타는 떨기'는 우리에게 있는 존귀함을 보여 주는 동시에, 쉬이 넘어지는 나약함을 일깨운다. 또한 이러한 내적 긴장을 마리아처럼 받아들이라고 독려한다. 그래야 우리 자신을 남보다 우월한 존재로 여기거나 특별한 존재로 생각하고 싶은 유혹에서 자유로워진다. 우리에게 하느님이 머무르시는 자리이자 하느님 영광이 밝게 빛나는 자리라는 영예가 주어졌다 하더라도, 우리가 인간이라는 사실에는 변함이 없다.

구약에서 찾아볼 수 있는 또 다른 마리아 표상은 기드온의 양털 뭉치다. 기드온은 미디안족과의 전투를 앞두고 하느님께서 정말 자신과 함께하시는지 표징을 달라고 기도했다. "그렇다면 제가 타작마당에 양털 뭉치 하나를 놓아두겠습니다. 이슬이 그 뭉치에만 내리고 다른 땅은 모두 말라 있으면, 이미 이르신 대로 저를 통하여 이스라엘을 구원하시는 줄로 알겠습니다"(판관 6,37). 이는 '불타는 떨기'와 비슷한 표상이다. 양털 뭉치처럼 온전히 자연에서 온 물질이 하늘의 이슬을 받아 흠뻑 젖는다. 깊은 밤 아무도 모르게 내려와 논밭을 풍요롭게 하는 이슬은 이스라엘 민족에게 하느님을 가리키는 중요한 표상이었다. 그분께서는 메말라 시들어 버린 우리에게 풍요를 선사하신다. 이슬은 그리스인에게는 사랑을, 페르시아인에게는 처녀를 상징했다. 하느님의 사랑에서 내린 이슬은 메말라 시들어 버린 마음을 열매 맺게 한다. 이슬은 순결함, 부드러움, 때 묻지 않음, 흠 없이 온전함을 상징한다. 페르시아인들은 하느님께서 이슬을 내려 이 세상의 본원적인 것들을 회복하신다고 생각했다. 하느님은 마리아를 통해 메마른 우리의 삶을 다시 풍요롭게 하시고, 삶이 지닌 본연의 아름다움을 회복시켜 주신다. 그러니 기드온의 양털 뭉치는 동정녀 마리아를 뜻한다.

이 두 표상은 마리아를 헤아릴 수 없이 깊은 신비 가운데서 이해하고, 우리 자신을 하느님의 은총을 입은 인간으로 받아들이라고 말한다. 하느님의 불은 우리 안에서도 타오른다. 그럼에도 우리는 불타 없어지지 않는다. 하느님의 이슬은 우리가 타작마당에 놓아둔 양털 뭉치도 흠뻑 적셔 풍요롭게 한다. 변화는 우리가 살피지 못하는 밤에 일어난다. 하느님의 빛은 내면의 어둠을 밝히고, 메마른 영혼을 다시 열매 맺게 한다는 사실이 우리 무의식에서 일순간 선명해진다. 두 표상은 우리가 꿈에서 보아 온 모습과 일치하곤 한다. 우리는 꿈속에서 밝은 빛을 볼 때가 있다. 그 빛은 문득 우리에게 말한다. "그렇다. 하느님은 진실로 내 곁에 계신다." 그분은 그저 상상이 아니다. 우리는 꿈속에서 맑은 이슬을 볼 때도 있다. 이런 꿈에서 깨어난 아침이면 기분이 상쾌하고 하느님의 이슬로 생기가 넘친다.

25. 하늘의 문

'라우레타노 성모 호칭기도'는 마리아를 '하늘의 문'이라 부른다. 마리아라는 문을 통해 하느님의 아들이 이 세상에 왔다. 일찍이 8세기에 '하늘의 문'이라는 표상은 베난티우스 포르투나투스Venantius Fortunatus의 영향으로 지어진 마리아 찬가 「바다의 별이신 성모」에서 찬미되었다. 여기서 마리아는 '복되며 복되게 하는 하늘 문'(felix caeli porta)이라 불린다. 이러한 이유로 로마네스크 양식이나 고딕 양식으로 지어진 교회의 입구에 마리아가 그려지곤 했다. 마리아를 통해 그리스도가 세상에 왔다. 입구를 지나 교회로 들어갈 때면 우리는 마리아에게 어떤 의미가 있는지 짐작할 수 있다. 마리아는 예수 그리스도를 바라보게 한다. 마리아는 우리를 위해 문이 되었고, 우리는 그 문을 통해 예수에게 나아간다.

    '하늘의 문'이라는 표상은 신학적으로 요한 복음서에 기원을 둔다. 요한 복음서에서는 예수의 어머니 마리아가 두 장

조토 디 본도네(1266?~1337), 「카나의 혼인 잔치」, 파도바 스크로베니 경당

면에서 등장한다. 하나는 예수가 공생활을 시작할 무렵에 열린 '카나의 혼인 잔치'다. 그때 예수는 마리아라는 문을 통해 이 세상에 나타나 당신 영광의 표징을 처음으로 드러냈다. 마리아는 물이 포도주로 변하는 자리에 있었다. 이는 하느님께서 사람의 몸이 되셨다는 표징이다. 그분이 사람이 되실 때는 우리와 함께 혼인 잔치를 벌이신다. 그러면 우리의 삶은 새로운 맛, 하느님의 맛을 들이게 된다. 정결례 때 쓰는 물독을 채웠던 맛없는 물은 이제 없다. 복음의 포도주, 하느님 사랑의 포도주만이 우리를 예수 안에서 흠뻑 적신다.

예수가 포도주로 바꾼 여섯 물독은 월요일부터 토요일까지, 여섯 날을 의미한다. 그리고 이 여섯 물독은 일곱 번째 물독을 바라보게 하는데, 십자가에서 창에 찔려 우리 머리 위에 피와 물을 쏟는 예수의 벌어진 가슴이 바로 일곱 번째 물독이다. 피와 물은 하느님의 성령, 하느님의 사랑을 가리킨다. 그분의 사랑은 우리를 가득 채운다. 우리 영혼이 지닌 본연의 광채를 흐리게 만드는 모든 것에서 우리를 정화한다. 마리아는 예수가 십자가에 못 박힌 그 자리에 있었다. 마리아는 예수가 아버지에게 되돌아갈 때 지나는 문이다. 그러니 마리아는 예수가 이 세상으로 들어와서 하느님 세상으로 나갈 때 통과하는 문이다. 요한은 예수의 십자가 죽음을 그분 사랑의 완성으로 이해했다. 예수는 십자가에서 완성에 이르기까지 우리를 사랑했다. 그리스어로 '완성'(telos)은 혼인 잔치를 뜻하기도 한다. 하느님께서 사람의 몸이 되시며 시작된 하느님과 우리 인간의 혼인 잔치는 십자가에서 완성되었다. 그때는 모든 것이, 심지어는 죽음의 덧없음과 죽음으로 체험하는 하느님의 부재마저도 그분의 생명 한가운데로 받아들여진다. 십자가 아래에서 마리아는 예수의 죽음과 부활이 새로운 탄생과 참된 삶으로 가는 통로임을 보여 준다. 우리는 세상을 살아가며 성공이나 인정 같은 현세의 잣대로 자신을 규정하곤 한다. 이런 현세적 삶은 우리가 죽을 때 함께 죽는다. 그리고 곧 하느님의 사랑이 우리 안에서 승리한다. 예수는 십자가에서 당신의 사랑하는 제자에게 어머니를 맡겼고 그 제자는 그때부터 마리아를 제집에 모셨다. 교부들은 이를 신비주의의 주제로 삼았다. 우리도 예수가 사랑하는 제자처럼 마리아를 집에 모셔야 한다. 또한 마리아처럼 예수의 어머니가 되어야 한다. 그리하여 그리스도께서 우리 영혼에서 몸소 태어나도록, 하느님의 생명과 사랑으로 우리를 가득 채우도록 해야 한다.

대성당의 입구에 마리아가 묘사되어 있는 것이 그래서 상징적으로 깊은 의미가 있다. 우리에게도 마리아는 드나들 수 있는 문이다. 우리는 마리아를 통해 하느님의 영역으로 들어

가고, 마리아를 통해 세상에 나온다. 우리의 현세적 삶은 교회 안에서, 성사 안에서 변화한다. 우리는 하느님의 사랑으로 충만해지고, 우리 안에 있는 현세의 것이 천상의 것을 위해 열린다. 그때 거룩한 세례의 물로 새로 나기 위해 하늘의 문으로 들어간다. 성찬례를 올릴 때면 우리 안에 있는 모든 죽은 것과 굳어 버린 것이 부활의 신비로 받아들여지고, 우리 안의 생명이 본연의 영광으로 빛난다. 그리고 우리는 거룩한 영역에서 다시 세상으로 나와 현세적인 것을 변화시키고 하느님의 흔적을 남긴다.

'하늘의 문' 마리아는 우리에게 자신을 바라보라고 말한다. 하늘의 문은 우리 모두에게 있다. 마리아를 바라보노라면 우리에게도 하늘의 문이 열려서 우리 내면의 성전, 우리 안에 있는 하느님의 성전에 들어가리라는 믿음이 굳건해진다. 우리가 통과하는 모든 문은 삶의 성취를 상징한다. 그 어떤 문을 통과하든 우리 앞에는 새로운 공간이 펼쳐진다. 우리는 문을 통해 우리 자신과 다른 사람에게 다가간다. 문은 만남을 위해 열린다. 문의 가장 속 깊은 의미는 하느님이 우리 마음에 몸소 들어오셔서 우리와 혼인 잔치를 올리신다는 것이다. 성탄 전례에서 시편 24장이 봉독될 때 문이라는 표상은 하느님께서 이 세상에 오신다는 뜻이다. "오랜 문들아 일어서라. 영광의 임금님께서 들어가신다"(시편 24,7). 하느님께서 사람의 몸이 되셨을 때는 마리아의 태胎만이 아니라 땅의 문도 열렸다. '하늘의 문' 마리아는 우리에게 땅의 문을 떠올리게 한다.

26. 마리아와 유니콘

고대에 유니콘은 전설의 동물이었다. 일찍이 그리스인들은 유니콘을 찬미했다. 200년경에 쓰인 초대 그리스도교의 자연론 『피지올로구스』Physiologus는 식물과 동물, 광물을 그리스도 안에서 일어난 구원 사건에 비추어 상징적으로 해석했는데, 유니콘과 마리아의 관계를 이렇게 설명했다. "유니콘은 작은 숫양만 하지만 굉장히 힘이 세서 사냥꾼도 함부로 다가가지 못한다. 이마 한가운데 뿔이 하나 있다. 그러면 그 짐승을 어찌 잡을 것인가? 순결한 처녀로 길을 가로막으면 짐승은 처녀의 품으로 뛰어드는데, 그러면 처녀가 살살 달래어 임금의 궁으로 데려온다. 유니콘은 우리의 구원자로 해석된다. 그분은 우리 조상 다윗의 집안에 구원의 뿔을 세우고, 우리를 위해 구원의 뿔이 되셨기 때문이다. 어떤 천사도, 어떤 권세도 그분을 넘어서지 못한다. 그분은 참으로 순결하신 동정녀 마리아의 몸으로 들어가셨다. 말씀이 사람이 되어 우리 가운데 계시는 것이다." 또 다른 전설에 따르면 유니콘은 독사의 독으로 더러워진 호수를 정화해서 사람들이 물을 마실 수 있게 한다.

    15, 16세기에 유니콘 사냥은 마리아 성화의 주요 모티프였다. 성화에서 마리아는 유니콘을 사로잡아 품에 안고 사랑스레 어루만진다. 예술가들은 성모영보聖母領報의 신비를 표현하고자 했다. 예수의 탄생이 계시될 때 동정녀 마리아는 하느님의 유니콘을 붙잡았고, 그 유니콘은 우리 구원이 되었다. 유니콘 성화에는 늘 성性적 요소가 있다. 하느님의 사랑은 예수가 마리아의 몸으로 사람이 되며 구체적으로 실현되었다. 소이세 같은 신비주의자들은 유니콘 사냥이 이러한 사랑을 상징한다고 보았다. 유니콘은 본디 남근을 뜻한다. 그렇지만 유니콘의 뿔은 정신의 영역인 이마에서 솟아서 성적 에너지의 승화를 상징하기도 한다. 16세기에는 마리아를 유니콘과 '닫혀진 정원'에 있는 모습으로 묘사하는 것을 금기시했다. 성애의 표현을 두려워한 까닭이다. 하지만 오늘날 우리에게는 성애를 영성의 길에 통합할 수 있는 감각, 성애와 신비주의를 화합할 수 있는 감각이 있다. 마리아는 길들이기 힘든 유니콘을 사랑의 품에 잡아들였다. 이는 한편으로는 붙잡을 수 없는 하느님

작자 미상(15세기 작), 「동정녀와 유니콘」, 파리 중세 박물관

아들에 대한 표상이고, 다른 한편으로는 유니콘의 약동하는 힘을 영성의 길에 통합하는 모습에 대한 표상이다. 여기서 연약한 처녀 마리아는 사냥개를 거느린 사냥꾼보다 강하다. 마리아는 당신의 순결과 정결의 힘으로 유니콘을 사로잡는다.

유니콘과 함께 있는 마리아는 우리가 걷는 영성의 길에 대한 표상이다. 우리 내면이 맑으면 맑을수록 성애와 영성을 더 잘 화합할 수 있다. 마리아는 유니콘을 사랑스레 어루만진다. 두려워하지 않는다. 마리아는 생동하는 힘 안에서 일치와 생명을 향한 갈망을 깨닫는다. 그러니 유니콘과 함께 있는 마리아는 우리가 참된 인간이 되는 모습을 나타내는 표상이다. 우리는 참된 인간이 되는 과정에서 육체와 영혼, 신성과 인성, 성애와 신비주의를 화합한다. 예술가들은 도덕만을 내세우는 설교자들보다 영성의 길의 신비를 훌륭히 이해했다. 설교자들은 성의 위험만을 경고할 뿐이었다. '닫혀진 정원'에서 유니콘을 품에 안고 쓰다듬는 마리아는 신비주의와 성애를 통합할 수 있다는 믿음을 우리 내면에 일깨우려고 한다. 마리아가 성에 대해 철저히 무감각했고, 성을 억압하는 데 이용되었을 뿐이라는 비난도 있다. 당치 않은 말이다. 예술과 민간신앙은 생명력과 영성, 신비주의와 성애를 통합하려는 우리의 깊디깊은 갈망을 마리아에게서 충족했다.

27. 황금 궁전

12세기부터 사람들은 '라우레타노 성모 호칭기도'를 바치기 시작했다. 라우레타노라는 이름은 이탈리아 성지 로레토에서 따온 것으로, 전설에 따르면 이곳에 마리아가 나고 자란 나자렛 성가聖家가 보존되어 있다고 한다. 이 호칭기도는 마리아를 갖가지 표상으로 찬미한다. 그중 하나가 '황금 궁전'이다. 황금 궁전은 성막聖幕과 솔로몬의 성전에서 가장 거룩한 장소였다. 솔로몬의 성전은 열왕기 상권에 이렇게 묘사되어 있다. "솔로몬은 집 안쪽을 순금으로 입히고, 안쪽 성소 앞쪽에는 금 사슬을 드리웠으며, 안쪽 성소도 금으로 입혔다. 그는 집 전체를 온통 금으로 입히고, 안쪽 성소에 딸린 제단도 모두 금으로 입혔다"(1열왕 6,21-22). 마리아는 지극히 거룩하신 하느님께서 머무르시는 곳이기에 '황금 궁전'이다.

예부터 금은 불변과 영원, 완전무결의 상징이다. 금은 태양과 연관되어 깨달음과 사랑을 상징하기도 한다. 또한 금은

「라우레타노 성모 호칭기도」, 파리 프랑스 국립도서관 판

천상의 빛을 뜻하거나, 흙의 가장 내밀하고 거룩한 신비로 여겨지기도 한다. '라우레타노 성모 호칭기도'는 이 모든 표상을 마리아와 연결 지었다. 마리아는 철저히 인간일 뿐이다. 하지만 하느님께서는 마리아 안에 흙의 가장 거룩한 신비를 숨겨 놓으셨다. 마리아는 흙으로 빚어진 인간으로서 하느님의 집이 되었다. 하느님의 역사가 마리아를 금빛으로 가득 채웠다. 마리아 스스로 금빛을 발하지는 않았지만, 하느님은 당신 아들에게 합당한 거처를 마련하고자 마리아를 '황금 궁전'으로 만드셨다.

'황금 궁전'을 묵상할 때 중요한 것은 그것을 마음속에 그려 보는 일이다. 나 역시 마리아처럼 '황금 궁전'이다. 나는 현세에 때 묻고 흙투성이지만, 하느님이 이 세상에서 머무르시는 자리, 하느님이 사시는 궁전이 될 수 있다. 예수는 요한 복음서에서 약속했다. "우리가 그에게 가서 그와 함께 살 것이다"(요한 14,23). 내 안에 하느님이 사시기에 내면의 모든 결점이 변화하여 금빛으로 찬란하다. 중세 화가들은 화판에 성인을 그릴 때면 흔히 바탕을 금빛으로 칠했다. 성인이 천상의 빛에 잠겨 있는 것이다. 이것은 매우 낙관적인 자기상으로, '황금 궁전'이라는 표상을 통해 우리 내면에 스며들어 우리를 부정적 자기상에서 벗어나게 한다. 우리는 꿈에서 우리 영혼이 금빛으로 빛나는 모습을 볼 때가 있다. 우리의 속 깊은 내면은 금처럼 귀하다. 물론 우리에게 있는 약점과 결점을 모르는 것은 아니다. 문제는 그것을 억압하는 것이 아니다. 집착도 금물이다. '황금 궁전'은 우리에게 천상에서 오는 금빛 광채가 내면에 깊이 파고들게 하라고 말한다. 우리 안에는 고귀한 선물, '황금 궁전'이 있다. 하느님이 사시는 까닭이다. 우리도 마리아처럼 깊이 감사하는 마음으로 찬양해야 한다. "그분께서 당신 종의 비천함을 굽어보셨기 때문입니다"(루카 1,48). 하느님은 우리도 당신 아들이 머물 '황금 궁전'이 되게 하셨다. 신비주의자들은 우리 내면에 지극히 거룩한 공간이 있다고 한다. 그 거룩한 공간은 세상에서 벗어나 있다. 그리스도가 우리 안에서 사는 그곳에서는 이 세상도 우리에게 권세를 부리지 못한다. 그곳에서 우리는 온통 거룩하다. 흠 없이 온전하고 완전하다. 빛을 발한다. 4세기 많은 글을 남긴 수도승인 폰투스의 에바그리우스 Evagrius Ponticus는 우리가 내면에서 보는 빛을 언급한 바 있다. 이러한 신비주의 체험을 '라우레타노 성모 호칭기도'는 '황금 궁전'이라는 표상으로 표현했다. 우리는 우리 내면의 집도 하느님의 금빛 광채로 충만해지기를 바라며 '황금 궁전' 마리아에게 간구한다.

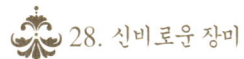 ## 28. 신비로운 장미

'라우레타노 성모 호칭기도'는 마리아를 '신비로운 장미'(rosa mystica)라고 부른다. 중세에는 마리아를 장미원에 있는 모습으로 묘사하곤 했다. 유명한 작품으로는 프랑스 콜마르에 있는 마르틴 숀가우어의 「장미원의 마리아」Maria im Rosenhag가 있다. 유럽에서 장미는 아시아의 연꽃과 비슷한 의미가 있다. 그리스에서 장미는 사랑의 여신 아프로디테의 꽃이다. 제 향기로 사람들을 매혹하는 장미는 그윽한 향기로 우리를 가득 채우는 사랑의 상징이다. 고대에는 장미로 화환을 만들어 머리에 썼다. 아름답기도 아름다웠지만, 의학적 이유가 있었다. 사람들은 장미가 몸의 열기를 식히고 뇌를 건강하게 한다고 믿었다. 게다가 포도주를 과하게 마시는 것도 막아 준다고 했다. 식사 때 식탁 위에 달아 놓기도 했는데, '장미 아래서'(sub rosa) 나눈 대화는 발설하지 않는다는 뜻이었다. 장미는 가장 내밀한 곳을 꽃잎으로 감싸서 감추기에 비밀의 수호자다.

중세에는 마리아가 줄곧 장미라는 이름으로 불렸다. 그리스도교 시인들은 아가 2장 2절에 나오는 '엉겅퀴 사이에 핀 나리꽃' 대신 '가시 없는 장미'를 노래했다. 그래서 가시 없는 장미 같은 모란꽃이 마리아 성화에 그려지곤 했다. 전설에 따르면 에덴 동산의 장미에는 가시가 없었다고 한다. 가시는 인간의 원죄로 생겨났다. 그러니 마리아는 원죄에 물들지 않았다. 마리아 안에서는 가시가 장미꽃을 피운다. 「마리아 가시 숲을 지나네」Maria durch ein' Dornwald는 많은 사람에게 사랑받는 성가다. 마리아가 아기 예수를 품에 안고 가시 숲을 헤쳐 간다. "가시들이 장미꽃을 피웠나이다. 기리에 엘레이손kyrie eleison(주님, 자비를 베푸소서). 아기 예수 마리아의 품에 안겨 가시 숲을 지날 때, 가시들이 장미꽃을 피웠나이다. 예수와 마리아여."

헬프타의 제르트루다Gertrud von Helfta는 마리아를 사랑의 장미, "우리의 영혼을 천상의 힘으로 살찌우며 아름답게 빛나는 장미"라 불렀다. '신비로운 장미'는 신비주의자들이 하느님과의 일치를 표현하고자 즐겨 사용한 표상이다. 15세기 라인강 하류 지역에 살던 어느 무명 시인은 노래했다. "온전히 하느님께 침잠한 장미여, 더할 나위 없는 환희에 취하리라." 예

슈테판 로호너(1410?~1451), 「장미원의 마리아」, 쾰른 발라프-리하르츠 박물관

「장미창」, 스트라스부르 노트르담 대성당

술가들은 장미원에 있는 마리아를 즐겨 그렸는데, 이는 사랑으로 충만한 마리아가 그 사랑을 이웃에 베푼다는 의미다. 마리아는 장미 아래에 앉거나, 몸소 장미가 되어 꽃을 피우며 우리 내면에서 추운 겨울을 몰아내고 삶을 봄처럼 새로 나게 한다. 12세기 어느 경건한 시인은 이렇게 읊조렸다. "아름다운 장미 마리아가 꽃을 피우자, 비탄의 겨울은 가고 영원한 기쁨의 여름이 오며 끝없는 환희의 오월이 빛나기 시작했다. 희열로 가득 찬 낙원의 초록빛이 마리아와 함께 우리에게 되돌아왔다." 이렇게 장미라는 표상을 통해 우주의 새봄이 인간의 환희와 하나가 된다. 단테도 같은 생각에 사로잡혔다. 마리아를 장미라 칭하며, 그 속에서 말씀이 사람의 몸이 되셨다고 했다. "당신 품에서 사랑이 새로이 타오릅니다. 그 열기로 영원한 평화 가운데 장미가 만개합니다." 단테에게 '신비로운 장미'는 하느님의 사랑과 인간의 사랑이 하나로 녹아드는 상징이었다.

　이렇듯 '신비로운 장미' 마리아는 우리에게 더없이 인간적이며 자애로운 하느님상을 바라보게 한다. 하느님은 우리 삶을 사랑으로 가득 채우시는 분이다. 그런데 우리는 이것을 객관적 언어가 아니라, 영혼 저 깊이에 와 닿는 표상으로 깨닫는다. 장미를 보고 그 향기를 맡을 때 우리는 매혹된다. 마리아를 장미라 입에 담는 순간 우리는 그저 이성에 머물지 않는다. 곧바로 그 향기를 들이마시고 아름다움을 눈에 담는다. 우리의 감각이 사로잡힌 것이다. 하느님이 사랑이시라는 것과, 예수 그리스도 안에서 우리를 당신 사랑으로 채우고 우리 삶에 아름다운 향기를 선사하며 당신 아름다움으로 감싸신다는 것을 우리는 온몸으로 느끼게 된다.

라이너 마리아 릴케Rainer Maria Rilke는 장미에 매혹된 시인이다. 릴케는 『성무일도서』에서 장미를 아기 예수의 상징으로 보고 노래했다. "그리고 아기 예수는 장미 중의 장미로서 그윽이 향기를 내는구나." 릴케는 장미를 마리아의 상징으로도 보았다. 장미는 하느님을 향해 우리의 마음을 연다. 장미 꽃송이 한가운데는 우리에게 가득 찬 하느님 은총이 결코 마르지 않고 풍성하다는 것을 상징한다. 어두운 대성당 안에서 볼 수 있는 장미창薔薇窓은 우리를 현세에서 하느님의 세계로 데려간다. "일찍이 대성당의 어둠에서, 커다란 장미창들이 어느 심장 하나를 끌어내 하느님 깊숙이 집어넣었다." 릴케는 장미의 신비주의적 의미를 잘 이해했다. 이러한 신비주의적 의미는 '장미원의 마리아'라는 이름으로 그려진 수많은 성화의 근본 주제이기도 했다. 14세기 초부터 예술가들은 장미원의 마리아를 그리기 시작했다. 그들은 장미라는 표상을 아가에 나오는 사랑의 '닫혀진 정원'(hortus conclusus)과 연결 지었다. 시끄러운 세상사에서 벗어나, 장미가 만발한 마리아의 태 안에서 하느님이 사람의 몸이 되신 사랑의 신비, 하느님이 예수 그리스도 안에서 인간과 혼인을 올리신 신비가 일어난다.

마르틴 숀가우어나 슈테판 로흐너Stefan Lochner가 그린 '장미원의 마리아'를 마주하면 우리 마음에 직접 와 닿는다. 콜마르에 있는 마르틴 숀가우어의 작품을 자세히 살펴보며 그것이 내 안에서 무엇을 일으키는지 자문해 본 적이 있다. 그 성화에 깊은 인상을 받았다는 것 말고는 달리 할 말이 없었다. 그런데 그 성화의 어떤 점이 우리의 마음을 사로잡는 것일까? 마리아는 아기 예수가 아니라 자신의 상징인 모란, 즉 가시 없는 장미를 바라본다. 마리아는 장미를 묵상한다. 그 안에서 자신을 인식한 까닭이다. 마리아의 옷은 장미처럼 붉다. 마리아는 몸소 '신비로운 장미'다. 지극히 아름답지만 사람들의 호기심 어린 시선에는 감추어져 있다. 마리아의 눈빛은 당신의 신비를 머금고 있다. 그럼에도 나는 이 성화에서 마리아가 몸소 드러내는 따뜻하고 깊은 사랑을 느낀다. 마리아는 내 안에도 있는 다정함과 아름다움을 받아들이라고 한다. 마리아 당신을 거울 삼아 나 자신을 인식하고, 그리하여 새로운 눈으로, 부드럽고 주의 깊은 눈으로 자신을 바라보라고 한다.

29. 하느님의 계약 궤

하느님은 시나이 산에서 모세에게 돌로 된 두 증언판을 보관할 계약 궤를 만들라고 명령하셨다. 히브리서 9장 4절에 따르면 만나가 든 항아리와 아론의 지팡이도 계약 궤에 보관되었다. 계약 궤는 안팎이 온통 금으로 입혀 있었고, 뚜껑은 천사 둘이 올라앉아 있는 모양이었다. 계약 궤는 하느님의 옥좌로 불렸다. 이스라엘 백성들은 하느님께서 두 천사 위에 군림하신다고 생각했다. 그들은 어디를 가든 계약 궤와 함께했다. 솔로몬 왕은 계약 궤를 성전 지성소에 모셨다. 기원전 586년 성전이 파괴되자 계약 궤는 자취를 감췄다. 전설에 따르면 예언자 예레미야가 네보 산 어느 동굴에 숨겼다고 한다. 하느님께서 당신 백성을 새로이 모아서 은총을 베푸실 때까지, 계약 궤는 그 속에 간직된다고 한다.

교부들은 '하느님의 계약 궤'를 하느님께서 사람이 되신 신비를 설명하는 데 이용했다. 계약 궤는 썩지 않는 나무로 만들어졌다. 예수 그리스도는 당신이 취한 몸이 썩지 않게 했다. 하느님은 특별한 사람에게 당신의 신비와 의중을 계시하실 때가 있다. 오리게네스Origenes는 '계약 궤'가 그런 사람을 가리킨다고 보았다. 에페소 공의회 이후로는 마리아도 '계약 궤'로 여겨졌다. 마리아의 몸이 구원자를 통해 거룩해졌다는 것이다. 계약 궤는 그저 율법을 담았을 뿐이지만, 마리아는 율법을 세우신 분을 태 안에 모셨다. 마리아는 거룩하신 분을 자신의 태 안에 모셨기에 신성한 궤다. 다마스쿠스의 요한Johannes Damascenus은 시편 132편 8절을 마리아와 관련지어 해석했다. "주님, 일어나시어 당신의 안식처로 드소서. 당신께서, 당신 권능의 궤와 함께 드소서." 그는 이 말씀에 마리아가 영원한 안식을 찾아가는 모습이 묘사되었다고 보았다. "주님께서 영혼을 불어넣으신 궤가 당신 아들의 안식으로 건너간다."

마리아를 계약 궤로 묘사한 첫 성화는 로마 산타 마리아 마조레 성당에 있다. 중세에는 성경 필사본에 삽화로 그려 넣는 것이 유행했다. 사람들은 계약 궤를 마리아의 엘리사벳 방문과 연관 지었다. 마리아는 그리스도를 잉태한 몸으로 엘리사벳을 찾아갔다. 일찍이 다윗이 계약 궤를 모셨듯, 사제 즈카르야의 집에 계약 궤를 모셔 온 것이다. 계약 궤와 관련된 다른 모티프도 있다. 하느님의 궤 앞에서 우상 다곤이 땅에 얼굴을 박은 채 쓰러졌듯이, 아기 예수의 성가족이 이집트로 피신할 때도 마귀들이 쓰러졌다. 중세 신학자와 예술가는 표상을 매개로 사고했다. 그들은 성경을 심층심리학적으로 해석한 것이 분명하다. 표상은 우리의 원초적 갈망을 하나하나 일깨우기 때문이다. '하느님의 계약 궤' 마리아는 우리 내면에 힘겨운 외적 율법만 있는 것이 아니라, 하느님도 계시다는 표상이다. 심리학은 우리에게 내적 강박이 있다고 한다. 내적 강박은 내면화된 규범으로 우리를 괴롭힌다. 내면에 계신 하느님은 우리를 금빛 광채로 가득 채우신다. 하느님은 율법을 내리시기도 했지만, 구원을 주시기도 했다. 이스라엘 백성은 모든 전쟁터에 계약 궤를 들고 갔다. 하느님이 자신들 편에서 싸워 주시리라 믿었다. 다른 사람에게 그리스도를 전하고자 마리아처럼 험한 산을 넘을 때, 내 안에서도 하느님이 함께하신다는 약속이 바로 '하느님의 계약 궤' 마리아다. 하느님은 내 안에 계신다. 내가 위험을 피해 몸을 숨길 때 나와 함께 가신다. 그러면 나를 억압하는 내면의 원수들이 힘없이 쓰러진다. 살아가며 수없이 투쟁할 때마다 하느님은 내 안에 계신다. 하느님의 궤인 나는 죽어서 안식의 땅으로 간다. 그때는 내가 시편의 기도자와 함께 기도하리라. "이는 길이길이 내 안식처, 내가 이를 원하였으니 나 여기에서 지내리라"(시편 132,14).

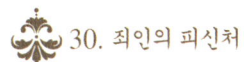# 30. 죄인의 피신처

'라우레타노 성모 호칭기도'는 마리아를 '죄인의 피신처'(refugium peccatorum)라 부른다. '죄인의 피신처'는 '근심하는 이의 위안', '병자의 나음', 그리고 '신자들의 도움'과 함께 곤경에 처했을 때 도움을 간구하는 네 가지 호칭 가운데 하나다. 중세에는 곤경에 처했을 때 구해 주는 14위 수호성인을 크게 공경했다. 마리아는 열다섯 번째 수호성인이나, 14위도 구하지 못한 곤경을 극복하게 하는 수호성인으로 여겨지곤 했다. 그런데 관건은 이러한 호칭을 받아들이는 우리의 태도다. 죄를 지었을 때 우리에게 마련된 피신처는 본디 하느님이 아닌가? 물론 우리의 죄를 용서하시는 분은 하느님이시다. 우리의 죄를 용서하시는 그분의 사랑은 예수 그리스도 안에서, 특히 예수의 십자가 아래서 가장 분명하게 드러난다. 마리아를 '죄인의 피신처'라 부르며 간구한다고 해서 우리가 마리아를 하느님이나 예수 그리스도의 경쟁자로 삼는 것은 아니다. 도리어 마리아

안에서 하느님의 모성이 빛을 발한다. 게다가 어머니 앞에서는 제 잘못을 털어놓기가 더 쉬운 법이다. 어머니는 잘잘못을 가리지 않는다. 거짓말한 자식도 안아 줄 뿐이다. 나무라는 대신 사랑으로 죄를 감싼다.

이렇게 마리아를 통해 하느님의 모성이 드러난다. 마리아를 '죄인의 피신처'라 부를 때 우리는 하느님의 사랑에 대해 믿음을 드러낸다. 우리는 곤경에 처했을 때 어머니처럼 자애롭고 자비로운 그 사랑에 몸을 숨길 수 있다. 죄를 지으면 스스로를 용서하지 못할 때가 있다. 자신을 견뎌 내기가 힘겹기만 하다. 그래서 나 자신을 회피하기 일쑤다. 하지만 우리에게는 피신처가 있다. 다름 아닌 어머니 같은 하느님이다. 마리아도 우리의 피신처다. 예수의 어머니 마리아는 모든 죄를 용서하시는 하느님의 사랑을 깨달아 우리에게 전한다. 예수의 십자가 아래서 수많은 죄인이 자신이 저지른 죄와 더불어 있는 그대로 받아들여졌다고 믿었다. 예수가 십자가에 못 박혔을 때 살인자들까지 용서하셨다면, 내 안에 있는 죄도 하느님께서 용서하시지 않을 이유가 없다. 마리아에게서 피신처를 찾는 사람들이 있다. 그들은 마리아 성지를 찾아 마리아 상 앞에 무릎을 꿇는다. 이때 그들은 받아들여지고 보호받는 기분을 느끼며, 스스로에 대한 비난을 멈추게 된다. 죄책감도 사라진다.

마리아 앞에서 내면의 평화를 찾는 것이다. 마리아에게서 피신처를 찾은 죄인의 마음에 어떤 변화가 일어나는지 묘사하기란 쉽지 않다. 물론 여기에 어떤 신학적 사고 활동이 있는 것은 아니다. 마리아론을 연구하는 신학자들은 마리아가 주님의 종으로 우리 편에 서고 곤경에 처한 우리를 돕기에 '죄인의 피신처'라는 호칭이 정당하다고 주장한다. 하지만 이런 생각은 교의적 판단에 따른 것이다. 제 갈 길을 잃었다가 마리아에게서 피신처를 찾은 사람은 이성으로 판단하지 않는다. 그저 보호받고 받아들여졌다고 느낄 뿐이다. 어머니 같은 그분의 사랑이 자신의 죄보다 강하다는 것을 그들은 마음 저 깊은 곳에서 안다.

31. 근심하는 이의 위안

마리아는 '근심하는 이의 위안'(consolatrix afflictorum)이다. 다른 호칭기도에서는 '고독한 이의 위로'(consolatio desolatorum)라고 불리기도 한다. 라틴어로 된 두 호칭은 사람들이 처한 각기 다른 곤경을 표현한다. '아플릭티'afflicti는 마음이 다친 이들, 사람에 데어서 상처 입은 이들이다. '데솔라티'desolati는 완전히 버림받은 이들, 하느님과 세상에 버림받았다고 느껴서 고독한 이들이다. 우리는 어떤 사람을 두고 '메말라 보인다'고, '몹시 고독해 보인다'고 말할 때가 있다. 그들은 희망도 없고, 의지할 만한 토대도 없으며, 쓸쓸하기 이를 데 없다. 제 자신을 잃어버렸다. 독일어로 '슬프다'(betrübt)는 말은 본디 '휘젓다', '파 뒤집다'라는 말에서 나왔다. 그릇에 든 액체를 휘저었을 때 침전물이 떠오르는 모습을 떠올리면 된다. 액체는 온통 탁하고 불투

라파엘로(1483~1520), 「시스티나의 마돈나」, 드레스덴 알테 마이스터 미술관

명해져서 더러워진다. 이처럼 정신이 휘저어져 더러운 물처럼 된 상태를 우리는 '혼탁해진 정신'(Trübsinn), 즉 우울한 마음이라고 한다. 맑은 정신으로 사고할 수 없는 사람은 근심하게 된다. 우울한 마음에 사로잡혀 감정이 뒤섞이고 내면이 뒤집히는 탓이다.

작자 미상(1400년경 작), 「마리아의 전구」
피렌체 산타 마리아 델 피오레 대성당

마리아를 '근심하는 이의 위안'이라 부르면, 그 안에 어머니 같은 하느님의 사랑이 담겨 있는 기분이 든다. 고통스런 삶에 시달리는 이들은 위로를 받으려고 마리아를 찾아간다. 라틴어로 '위로'(consolatio)라는 말은, 나의 고독한 내면으로 들어와 곁에서 함께하며 견뎌 줄 수 있는 용기 있는 사람이 떠오르게 한다. 독일어로 '위로'(Trost)는 '신뢰'(Treue)와 '굳게 버팀'(Festigkeit)에서 나온 말이다. '근심하는 이의 위안' 마리아는 내가 겪는 슬픔과 비애에 쉬이 흔들리지 않는다. 내 곁에 굳건히 서서 나도 굳건히 버틸 수 있게 한다. 마리아는 '고통의 어머니'이기도 하다. 그분이 몸소 고통을 겪었기에 내가 그분에게 이해받고 있음을 느낀다. 이때 느끼는 이해는 이성적 사고가 아니라 새로운 체험으로 이루어진다. 독일어로 '이해하다'(verstehen)는 '서다'(stehen)라는 말과 관계가 있다. 자신이 이해받고 있음을 아는 사람은 다시 설 수 있는 힘을 얻는다. 스스로 힘을 내서 제 자신을 책임진다. 이해받고 있음을 느끼기 위해서는 나를 이해해 줄 사람이 필요하다. 나를 이해해 주는 사람은 내 앞으로 서서 지근거리에서 나를 보호한다. 내 편이 되어 나를 위해 애쓰고 끝까지 함께 버텨 준다. 내가 느끼는 비애를 두려워하지 않는다. 나와 함께 있어도 흔들리지 않음으로써 나 또한 굳건히 서게 한다.

마리아는 이해하고 위로하는 이의 성품을 모두 갖추었다. 마리아는 앞에 서서 우리를 보호한다. 우리가 알고 있는 가장 오래된 마리아 기도는 4세기에 생겨났는데 이렇게 시작한다. "거룩하신 성모여, 당신의 지켜 주심과 감싸 주심 아래 간구합니다." 마리아는 우리 앞에 서서 우리가 용기 내어 자신을 있는 그대로 받아들이게 한다. 우리 편이 되어 주는 위대한 전구자(轉求者)다. 니케아 공의회(787년) 이후 우리는 공식적으로 마리아를 전구자로 받아들인다. 우리는 마리아에게 전구를 청할 수 있다. 우리를 위해 기도해 달라고 친구에게 부탁하듯이 성인들에게, 특히 주님의 어머니 마리아에게 청할 수 있는 것이나. 예부터 마리아의 전구를 신뢰하는 그리스도인이 많다. 더는 기도드릴 수 없게 되면, 마리아를 찾아가서 말문이 막힌 자신을 대신해 기도해 달라고 청한다. 물론 우리는 하느님께 직접 기도드릴 수도 있다. 그렇지만 다른 사람에게 기도해 달라고 부탁하는 것은 아주 인간적인 일이다. 신앙생활에 어려움을 겪은 수많은 이가 마리아에게서 도움을 받았다. 그들은 근심 걱정을 마리아에게 가져와서 하느님 앞에서 제 편이 되어 달라고, 전구해 달라고 소망했다. 이러한 전구는 수많은 이에게 희망과 신뢰를 선사했고, 그들은 믿음 안에서 새로이 일어섰다.

마리아는 고통과 고난을 몸소 견뎌 낸 여인이다. 그래서 사람들은 마리아가 곤경에 처한 자신들과 끝까지 함께 버텨 주고, 자신들의 갈가리 찢긴 내면과 우울, 비애도 두려워하지 않는다고 믿는다. 젊은 시절 갓 신학 공부를 마쳤을 때 나는 '근심하는 이의 위안' 같은 호칭을 마리아에게 붙이는 데나 마리아 공경에 회의적이었다. 그런데 마침 마리아 성지에서 기도를 바치는 사람들을 살펴볼 기회가 있었고, 그들의 얼굴을 바라보며 이러한 모습의 신앙에 대해 새로이 깨닫게 되었다. 저마다 근심거리를 안고 온 그들은 마리아에게서 이해받고 있음을 느낀다. 마리아와 예수 그리스도와 하느님의 관계에 대해 따로 깊이 생각하는 것은 아니다. 하지만 그들은 신앙생활에서 결정적인 체험을 한다. 어머니의 사랑을 느끼는 것이다. 이 같은 사랑을 마리아에게서 받는지, 아니면 하느님에게서 받는지는 아마 전혀 숙고하지 않을 것이다. 그들은 인간의 사랑뿐 아니라, 어머니 같은 하느님의 사랑도 느낀다. 그 사랑은 성지라는 거룩한 공간에서 마리아를 통해 밝게 드러난다.

32. 병자의 나음

병자들이 특별히 찾는 성지가 있다. 프랑스 루르드를 순례하는 병자와 간병인을 위해서는 특별열차도 있다. 간병인은 병자를 휠체어에 앉혀서 마리아가 어린 소녀 베르나데타에게 발현한 동굴로 데려가고, 축복미사와 행렬 예식에도 함께 참여한다. 이렇게 해서 치유되는 병자들이 끊이지 않는다. 분명 누군가는 기적에 집착하여 루르드를 찾을 것이다. 그렇지만 대부분은 마리아의 전구로 병이 나으리라 믿으며 찾아온다. 아이들이 어디가 아프면 아버지가 아니라 먼저 어머니에게 가듯이, 병자들의 마음은 마리아 성지로 향한다. 병자들에게 필요한 것은 어머니의 관심이다.

어머니와 치유 사이의 밀접한 관계가 여기서도 분명히 드러난다. 아이가 다치면 어머니가 맨 먼저 달려가 상처에 침을

루르드 성모 발현 동굴

발라 주며 금방 나을 거라고 다독인다. 아이가 어머니에게서 치유를 체험하는 것이다. 병자들도 그래서 마리아를 찾는다. 마리아 곁에서 병자들은 어머니 같은 하느님의 사랑이 자신을 치유하리라고 희망을 품는다. 치유의 기적은 끊임없이 일어난다. 물론 이러한 기적은 심리학으로도 설명될 수 있다. 기도와 믿음이 넘치는 분위기 속에서 이른바 '자발적 치유'가 일어나는 것이다. 하지만 루르드나 알트외팅, 파티마를 찾아가는 병자들에게 치유에 대한 해석은 부차적 문제일 뿐이다. 루르드에는 치유 기적을 연구하고, 경우에 따라서는 증명하는 자체 의료진이 있다. 그렇지만 루르드나 그 밖의 마리아 성지에서 위안과 건강을 얻어 되돌아오는 병자들도 있다. 그들은 자신의 병이 진정으로 받아들여졌음을 느끼고 따뜻한 관심을 체험한다. 그리고 마리아를 통해 병이 나으리라는 희망을 얻는다. 하느님의 다정한 관심이 마리아를 통해 그들에게 환히 드러난다. 그분의 따뜻한 관심으로 그들은 건강을 되찾아 집으로 돌아온다.

병자들은 묵주기도를 많이 한다. 묵주기도는 아주 간단하다. 성모송을 오십 번 바치는 동안 예수와 마리아 생애의 신비를 묵상하는 기도다. 많은 사람이 특별한 청원으로 묵주기도를 드린다. 우리 어머니는 자식과 손자 손녀를 위해 매일 두

번 묵주기도를 드렸다. 어머니는 병석에 누워서도 다른 사람들을 위해 좋은 일을 할 수 있어서 기뻐했다. 어머니는 다른 사람들을 위해 기도할 수 있었고, 그래서 병중에도 스스로 위로를 체험했다. 우리는 병에 걸리면 본능적으로 하느님에게 매달리며 도움을 청한다. 그런데 마리아를 통해 어머니 같은 하느님을 체험하려고도 한다. 그분은 우리를 다독이며 다정히 안아 주신다.

33. 바다의 별

 '바다의 별'은 가장 오래되면서 가장 널리 알려진 마리아 호칭 가운데 하나다. 8세기에 쓰인 「바다의 별이신 성모」는 널리 알려진 마리아 찬가인데, 독일에서는 특히 성모의 밤 행사나 마리아 성지에서 사랑받는다. '바다의 별'이 마리아를 칭하게 된 이유는 그리 분명하지 않다. 어떤 이들은 마리아(미르얌)라는 이름이 본디 바다의 별을 뜻한다고 주장한다. 하지만 이런 어원학적 해석은 증명이 불가능해 보인다. 열왕기 상권과 관계가 있다고 하는 이들도 있다. 여러 해 동안 가뭄이 계속되자 예언자 엘리야는 기도를 올리려고 카르멜 산으로 올라갔다. 일곱 번이나 시종을 올려 보내 바다를 살펴보게 했다. 일곱 번째가 되자 시종이 말했다. "바다에서 사람 손바닥만 한 작은 구름이 올라옵니다"(1열왕 18,44). 그리고 잠시 후에 큰비가 쏟아지기 시

작자 미상, 「바다의 별」, 아헨 미시오 박물관

작했다. 이 사건을 마리아에게 적용해서 해석한 것이다. 마리아는 하느님 은총의 비를 몰고 오는 구름이다. 카르멜 산에 있는 마리아 교회의 이름이 그래서 '바다의 별'(Stella Maris)이다.

바다는 모든 것을 삼켜 버리는 심연의 표상이다. 칼 융C. G. Jung에 따르면 바다는 무의식을 상징한다. 깊은 바다 속처럼, 인간의 무의식에는 아직 발굴되지 않은 보물들이 이루 헤아릴 수 없이 많다. 하지만 어둠 속에 모습을 감춰 우리를 두려움에 떨게 하는 형상들도 있다. 우리는 마리아를 '바다의 별'이라 찬미하며 바다의 심연이 우리를 집어삼키지 않기를, 어둠이 우리에게 두려움을 안겨 주지 않기를 바라는 희망을 드러낸다. 바다의 별은 온화한 빛으로 어두운 바다를 밝힌다. 우리 영혼의 어둠에서도 마리아가 낳은 보물, 예수 그리스도를 발견하기를 바라는 희망의 표징이 '바다의 별'이다. 그리스도는 우리 내면에서도 밤의 어둠 한가운데 태어나서 모든 것을 밝게 비춘다.

마리아를 의미하는 '바다의 별'은 여섯이나 여덟 모로 되어 있다. 여섯 모로 된 별은 다윗의 별과 관계가 있다. 마리아는 다윗 가문이고 우리에게 그리스도를 낳아 주었다. 베드로의 첫째 서간과 부활 전야 전례에서는 그리스도를 '참된 샛별'이라 부른다. '라우레타노 성모 호칭기도' 또한 마리아를 해가

뜨기 전에 빛나는 '샛별'이라고 부른다. 이 '샛별'은 우리에게 그리스도를 바라보게 한다. 그런데 샛별보다는 '바다의 별'이라는 표상을 사람들은 더 좋아한다. 여덟 모로 된 '바다의 별'은 영원, 즉 하느님을 가리킨다. 숫자 8은 영원을 상징한다. '바다의 별'은 '새로 남'을 뜻하는 표상이기도 하다. 노아는 식구 일곱 명과 방주에서 내렸다. 이 여덟 사람은 새로운 시작을 위한 기초를 세웠다. 예수가 부활하신 날도 여덟 번째 날, 날이 밝아 올 무렵이었다. 여덟 모로 된 별 마리아는 우리에게 그리스도가 우리의 쇠약해진 본성을 다시금 새로 나게 해 준다는 것을 보여 준다.

자신이 「바다의 별이신 성모」를 즐겨 부르게 되는 이유를 설명할 수 있는 사람은 그리 많지 않다. 일단 멜로디가 외기 쉽고 보호받는 기분이 드는 것은 분명하다. 그런데 다른 한편으로는 '바다의 별'이라는 표상이 우리 내면에 일으키는 감정 덕분인 것 같다. 우리 삶이 나락으로 떨어져도 보호받는 느낌, 위험에 빠져도 안전하고, 어둠 속에서도 빛을 보고, 길을 잃고 의미를 잃어도 희망이 샘솟는 느낌이 드는 것이다. 게다가 우리 무의식의 저 깊은 곳이 하느님 사랑의 빛으로 밝아져서 변화한다는 믿음이 생긴다.

34. 견고한 다윗 탑

아가는 신부를 이렇게 찬미한다. "다윗 탑 같은 그대의 목은 층층이 잘도 지어졌구려. 거기에는 천 개의 방패들이 달려 있는데 모두가 용사들의 원방패들이구려"(아가 4,4). 이 구절은 사랑받는 여인의 모습을 묘사한다. 마리아에 대한 몇몇 표상은 이와 같이 사랑의 언어에서 나왔다. '다윗 탑'이라는 표상은 아름다운 여인이 정복할 수 없는 도성과도 같다는 의미다. 그러니 도성을 향해 돌진하여 정복할 수 있는 용사가 필요하다. '다윗 탑'은 마리아와 연관 지어졌다. 교부들은 '다윗 탑'에서 예수가 사람의 몸이 될 때 견고한 보호벽이 되었던 마리아의 태를 떠올렸다. 또한 '다윗 탑'은 적들을 막아 주는 피신처가 되기도 한다. 마리아는 자신이 몸소 적들과 맞서 싸웠던 것처럼, 우리에게도 적들에게 정복당하지 않으리라는 희망을 선사한다. 우리 내면에는 보호받는 공간, 하느님이 태어나시는 침묵의 공간이 있다. 탑에 달린 천 개의 방패는 마리아의 뛰어난

안토니오 빌카(생몰 연대 미상), 「다윗 탑-신비로운 장미」, 쿠스코 수리테 성당

덕성을 가리킨다. 그런데 우리도 하느님에게서 같은 덕성을 받았다. 마리아처럼 하느님이 주신 덕성으로 살아간다면 적들이 우리의 탑을 쓰러뜨리지 못한다. 적들에게 맞서 싸우며 살아가는 우리를 하느님은 보호하신다.

교부들은 '다윗 탑'에서 또 다른 의미를 발견했다. '다윗 탑'은 마리아의 훼손되지 않은 동정을 의미한다. 우리는 '다윗 탑'을 묵상하며 우리 안에도 동정녀처럼 순결한 것이, 그 무엇도 상처 내지 못하는 것이 있음을 깨닫는다. 우리 안에는 순수함과 순결함이 있다. 적들도 부서뜨리지 못한다. 주위를 둘러싼 악도 우리의 탑에 발을 들이지 못한다.

마리아는 '견고한 다윗 탑'만이 아니라 '상아탑'이라는 이름으로도 불린다. '상아탑'이라는 표상 역시 아가에서 나왔다. "그대의 목은 상아탑"(아가 7,5). '상아탑'은 아름다운 광채를 발한다. 마찬가지로 사랑받는 여인이 자랑스레 들어 올린 목은 이해할 수 없는 힘으로 사람들의 마음을 사로잡는다. 상아는 순결과 무결을 뜻한다. '상아탑'이라는 마리아 표상은 탑이 드러내는 견고함과 안전함만이 아니라, 그 무엇보다 뛰어난 아름다움도 의미한다. 교부들은 '상아탑'이라는 표상으로 마리아의 고귀한 영혼과 빛나는 덕성을 찬양했다. 뉴먼Newman 추기경은 '상아탑'을 이렇게 해석한다. "마리아를 '상아탑'이라 부르는 이유는 그분의 뛰어난 덕성과 거룩한 본성이 지닌 영광, 정결, 기품, 매력을 증언하기 위함이다."

'다윗 탑'과 '상아탑'이라는 표상은 모두 사랑의 언어에서 나온 것으로, 사랑의 여인인 마리아만이 아니라 우리에 대해서도 무엇인가를 말한다. 사랑이 언제나 달콤한 것만은 아니다. 그만큼 깨지기도 쉽다는 것을 우리는 수없이 경험했다. '상아탑'이자 '다윗 탑'인 마리아는 희망의 표상이다. 무관심, 타성, 불신, 타인에 대한 두려움, 배신, 질투가 날마다 우리를 위협해도 우리 사랑은 보호받아 변하지 않으리라고 희망을 불어넣는다. 우리 사랑이 성취되리라고 굳게 약속한다.

35. 헌신의 잔

잔이라는 표상이 들어간 마리아 호칭에는 세 가지가 있다. '영의 잔', '값진 잔', '헌신의 잔'이다. 전에는 라틴어로 '잔'(vas)이라는 단어를 '그릇'이라고 번역했다. 예컨대 '영적 그릇'이나 '기도의 훌륭한 그릇'이 있다. 하지만 이러한 번역은 라틴어 단어가 표현하고자 하는 바와 어긋난다. 복음사가 루카는 바오로를 '선택된 도구'(vas electionis)라고 불렀다(사도 9,16). 하느님은 예수 그리스도의 복음을 온 세상에 전하고자 바오로를 도구로 쓰셨다. 마찬가지로 마리아를 도구로 써서 당신의 아들이 태어나게 하셨다. 그런데 하느님께서 도구로 쓰실 때 마리아가 그저 소극적인 태도만을 보인 것은 아니다. 마리아 스스로도 하느님께서 인간을 위해 마련하신 뜻에 맞게 처신했다. 마리아는 성령에 자신을 의탁했다. 성령이 내려 마리아는 예수를 낳았다. 마리아는 값진 잔이다. 하느님께서 주신 값진 선물을 자신의 내면에서 꽃피워 당신 구원의 뜻에 따라 사용하시게 했다. 그분에게 헌신한 것이다. 또한 마리아는 자신의 뜻이나 이기적 생각으로 그분의 역사가 방해받지 않도록 자신을 삼갔다. 예전에는 '헌신의 잔'(vas insigne devotionis)을 '기도의 훌륭한 그릇'이라고 번역했다. 하지만 헌신(devotio)은 기도 이상의 것이다. 헌신은 하느님에 대한 신의, 즉 하느님에게 순종하고 온전히 자신을 내어 드리는 것이다. '헌신의 잔'이라는 마리아 표상은 결국 마리아가 천사에게 한 응답에 바탕을 둔다. "보십시오, 저는 주님의 종입니다. 말씀하신 대로 저에게 이루어지기를 바랍니다"(루카 1,38).

'영의 잔', '값진 잔', '헌신의 잔', 이 세 표상을 통해 우리는 마리아 안에서 자신의 어떤 본질적인 부분을 본다. 하느님은 우리 또한 당신의 도구로 쓰신다. 그분은 우리 모두를 필요로 하신다. 마리아처럼 기꺼이 자신을 내어 드릴 준비가 되었을 때, 우리도 이 세상을 구원하시는 하느님의 도구가 된다. 세 표상은 우리의 존귀함을 일깨운다. 하느님은 우리를 귀하게 쓰시어 당신의 뜻이 우리를 통해 우리 자신에게 실현되게 하신다. 하느님은 우리 모두를 도구로 쓰시어 서로가 서로를 구원하고, 서로가 서로에게 은총의 원천이 되게 하신다.

36. 정의의 거울

거울이라는 표상은 성경에서 자주 사용된다. 지혜서는 지혜를 이렇게 이른다. "지혜는 영원한 빛의 광채이고 하느님께서 하시는 활동의 티 없는 거울이며 하느님 선하심의 모상이다"(지혜 7,26). 바오로는 우리가 지금은 하느님의 현존을 거울에 비친 모습으로 어렴풋이 보지만 "그때에는 얼굴과 얼굴을 마주 볼 것입니다"(1코린 13,12)라고 말했다. 게다가 코린토 신자들에게 보낸 둘째 서간에서는 우리가 예수의 영으로 충만한 사람이라고 했다. "우리는 모두 너울을 벗은 얼굴로 주님의 영광을 거울로 보듯 어렴풋이 바라보면서, 더욱더 영광스럽게 그분과 같은 모습으로 바뀌어 갑니다. 이는 영이신 주님께서 이루시는 일입니다"(2코린 3,18). 이러한 의미에서 마리아는 거울이다. 마리아는 하느님의 사랑과 아름다우심을 거울처럼 비춘다.

그런데 '라우레타노 성모 호칭기도'는 마리아를 '정의의 거울'이라 부른다. 마리아는 하느님이 생각하신 의로운 사람이 어떤 모습인지 거울처럼 보여 준다. 또한 그분이 예수 그리스도를 통해 의롭게 하신 사람이 어떤 모습인지도 보여 준다. 우리는 마리아 안에서 거울을 들여다보며 우리 자신을 인식한다. 우리는 죄인이기도 하고 불의한 사람이기도 하지만, 더할 나위 없이 올바른 그 무엇을 내면에 지닌 사람이기도 하다. 우리는 아무 조건 없이 온전히 받아들여졌다. 하느님은 당신이 생각하신 모습으로 우리를 바로잡으셨다. 우리는 마리아를 통해 거울을 보듯 우리 자신의 정의를 본다. 그리고 이를 통해 자신을 증명하고, 정당화하며, 올바로 고쳐야 한다는 압박에서 자유로워진다. 마리아는 바오로가 그리스도의 십자가에서 깨달은 은총을 대변한다. 믿음을 통해 정당함을 밝히는 신학적 가르침을 마리아는 시적으로, 유희적으로 드러낸다. 마리아를 통해 우리는 깨달음을 얻는다. 하느님이 우리를 그리스도 안에서 의롭게 하셨기에 우리가 그분 앞에서 참되다는 사실을 이성이 아닌 온몸의 감각으로 깨닫는 것이다.

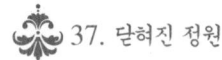 ## 37. 닫혀진 정원

'닫혀진 정원'이라는 표상도 아가에서 나왔다. 아가는 이 표상으로 신부新婦를 묘사한다.

> 그대는 닫혀진 정원, 나의 누이 나의 신부여
> 그대는 닫혀진 정원, 봉해진 우물.
> 그대의 새싹들은 석류나무 정원이라오.
> 맛깔스런 과일로 가득하고
> 거기에는 헤나와 나르드
> 나르드와 사프란
> 향초와 육계 향
> 온갖 향나무와 함께
> 몰약과 침향
> 온갖 최상의 향료도 있다오.

> 그대는 정원의 샘
> 생수가 솟는 우물
> 레바논에서 흘러내리는 시내라오(아가 4,12-15).

신랑은 닫혀진 정원으로 와서 사랑에 취하겠노라고 신부에게 약속했다(아가 5,1 참조). 동방의 사랑 노래에는 어김없이 정원이라는 표상이 나온다. 동방 사람들이 상상했던 가장 아름다운 장소인 닫혀진 정원에서 남녀는 사랑을 나눈다. 그런데 사랑받는 여인 또한 정원이다. 그 여인은 쉬이 발을 들일 수 없는 정원과도 같아서, 더 아름답고 신비롭다.

일찍이 유다교 주석학은 아가를 야훼와 그분 백성의 관계를 드러내는 표상으로 보았다. 다른 신을 섬기지 않고, 오직 한 분이신 하느님을 사랑할 때 이스라엘 백성은 '닫혀진 정원'이다. 도이츠의 루페르트Rupert von Deutz가 아가를 주석한 이래 '닫혀진 정원'이라는 표상은 마리아에게도 적용되었다. 마리아는 '닫혀진 정원'으로, 그 안에서는 신랑이 마리아와 사랑을 나눈다. 여기서 마리아와 예수의 관계는 어머니와 아들이 아니라 신부와 신랑, 즉 연인 관계로 보인다. 하지만 교부들은 마리아를 교회의 표상으로 이해하기도 했다. 그러니 신부와 신랑의 사랑 유희는 교회 안에서 일어나는 셈이다. 이때 예수는 우리를 온전히 소유하고자 우리의 '닫혀진 정원'으로 들어온다. 그런데 이는 성적 표상으로 묘사된다. '닫혀진 정원'은 잠자리에서 신랑이 파고드는 신부의 품을 뜻한다.

상징적 의미에서 볼 때 마리아 공경은 성에 대해 적대적인 영성과 아무런 상관이 없다. 오히려 아가에서 끌어온 온갖 사랑의 표상이 마리아 공경에 사용되었다. 마리아는 우리의 깊디깊은 갈망을 일깨운다. 사랑의 황홀경에 빠져 자신을 완전히 잊고자 하는 갈망이 우리에게는 있다. 물론 이 사랑은 한 인간을 향하는 데 그치지 않는다. 사람이 되신 하느님의 아들을 향한다. 예수는 신랑이 되어 우리에게 구혼한다. 그리고 결국 그 사랑은 우리가 관상을 통해 하나 되기를 바라는 하느님을 향한다.

예술가들은 '닫혀진 정원'이라는 표상을 좋아했다. 아름다운 꽃을 묘사하며 기뻐했다. 그들에게는 모든 것이 눈에 보이지 않는 분을 비추는 거울이자, 하느님의 헤아릴 수 없는 아름다움과 사랑을 비추는 거울이었다. 마리아를 닫혀진 정원이나 장미원, 사랑의 후원, 작은 낙원에 있는 모습으로 묘사한 성화는 더할 나위 없이 관능적이다. 함께 그려진 꽃들은 마리아의

작자 미상(1420년경 작), 「낙원」(닫혀진 정원의 마리아)
프랑크푸르트 암 마인 슈테델 미술관

신비에 대해 무엇인가를 이야기한다. 천사들이 음악을 연주하는 성화도 있는데, 이는 마리아가 잔디 위에 앉아 있는 그곳이 사랑과 기쁨의 정원임을 보여 준다. 이러한 성화에는 어린아이 같은 즐거움, 다채로움, 삶에 대한 기쁨이 가득하다. 그러니 마리아는 사랑과 아름다움과 기쁨을 통해 충만해진 삶을 대변한다.

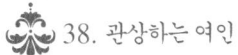 38. 관상하는 여인

천사가 예수의 탄생을 예고하는 장면에서 마리아는 '관상하는 여인'으로 묘사되곤 한다. 마리아는 손에 든 책을 읽고 있는 모습이다. 마리아가 묵상하는 책은 대개 성경으로, 마리아의 무릎이나 독서대에 놓여 있다. 중세에는, 특히 알베르투스 마뉴스Albertus Magnus는 천사가 들어오기 전에 마리아가 기도와 관상에 몰입해 있었다고 믿었다. 예술가들은 다양한 신학적 관점을 따랐다. 예수의 탄생 예고는 한편으로는 거룩한 영역에서, 다른 한편으로는 세속의 현실인 평범한 가정집에서 일어났다. 르네상스 미술에서 이 장면은 저세상이 이 세상으로 들어와 환시가 되는 모습으로 표현되었다. 마리아의 머리 위에서 하늘이 열린 것이다. 여기에는 관상에 대한 다양한 체험이 드러나 있다.

    마리아는 '관상하는 여인'이다. 마리아는 성경을 묵상한다. 기도를 바치려고 세상 사람들에게서 물러난다. 이렇게 마

얀 반 에이크(1395?~1441), 「성모영보」, 뉴욕 메트로폴리탄 미술관

리아는 기도하고 관상하는 여인의 본보기가 되었다. 마리아는 하느님의 말씀을 깊이 성찰하고 마음에 받아들이는 데 많은 시간을 보낸다. 그래서 마리아는 거룩한 영역으로, 세상의 시끄러운 소리가 들어오지 못하는 공간으로 몸을 숨긴다. 이는 초기 수도승들이 이해한 관상과 상당히 일치한다. 관상에 몰입하려면 세상에서 물러나 고요한 곳에 머물러야 한다.

다른 한편으로 예수의 탄생 예고는 세속의 현실 한가운데서 일어났다. 마리아는 바삐 일하며 실을 잣는다. 일상의 일을 행하는 것이다. 그런데 기도하는 마음으로 일한 덕에 마리아는 다른 세상에서 자신의 일상으로 들어온 천사를 알아본다. 여기서 관상은 일상 한가운데서 행해진다. 어떤 일을 행하는 동안, 우리는 매 순간 마음에 다다르는 하느님의 충동에 열려 있어야 한다. 이 충동을 알아채려면 그저 깨어 있어야 한다. 르네상스 시대에는 관상을 달리 표현한 성화가 등장했다. 천상의 환시에 완전히 사로잡혀, 세속의 일을 잊고, 황홀경 속에서 하느님에게 온전히 빠져드는 모습으로 관상을 표현한 것이다. 이는 아빌라의 데레사Teresa de Ávila가 체험한 바와 비슷하다. 뜻하지 않게 찾아온 사랑의 황홀경이다. 사랑의 화살을 맞은 아빌라의 데레사를 묘사한 베르니니Bernini의 작품이 특히 유명하다.

예술가들은 마리아에게서 '관상하는 여인'을 보았다. 예술가들은 루카 복음서의 한 장면을 떠올렸을 것이다. 마리아가 예수의 발치에 앉아 그분의 말씀에 귀 기울이는 동안, 마르타는 분주히 시중을 들었다. 사람들은 마르타의 동생 마리아를 늘 관상의 본보기로 여겼다. 루카가 마르타와 마리아를 통해 이야기한 것을, 예술가들은 예수의 어머니 마리아가 체현했다고 믿었다. 마리아는 하느님의 말씀에 귀를 기울여 그 말씀으로 잉태되었다. 마리아는 관상하는 동안 그분의 말씀에 온전히 마음을 열었고, 말씀은 마리아 안에서 사람의 몸이 되었다. 오늘날 우리가 행하는 관상에는 구체적으로 정해진 방법이 있다. 앉아서 호흡에 집중한다. 호흡과 말씀 하나를 연결 지어서, 호흡하는 동안 그 말씀이 우리 마음에 점점 더 깊이 이르게 한다. 말씀이 우리 안에서 사람의 몸이 되어 우리를 완전히 사로잡게 한다. 초기 수도승들은 하느님의 말씀을 우리 마음에 깊이 들여서 그 내적 희열을 온몸으로 드러내라고 한다. 우리 안에서도 그분의 말씀은 온몸을 통해 밝게 빛나서 다른 사람들이 볼 수 있게 되어야 한다.

39. 여성에게 마리아는

우리는 마리아 안에서 거울을 들여다보듯 우리 자신을 인식한다. 남성과 여성은 거울 안에서 자신을 각기 다르게 본다. 많은 남성과 여성이 자신을 솔직하게 바라보는 데 어려움을 느끼고 마리아 표상에 대해 내적으로 너무도 다양한 반응을 일으킨다. 어떤 이들은 마리아가 너무 감상적이라며 거부하는데, 다른 이들은 마리아 공경에 열심이다. 많은 남녀가 자신의 동경을 비롯해 공격성과 좌절감을 마리아에게 투사한다. 그들이 마리아에 대해 어떻게 반응하는지에 따라 그들 자신이 어떤 사람인지 드러난다.

융의 심층심리학은 마리아를 자기화自己化의 상징으로 본다. 융에게 마리아는 나와 무의식을 연결하는 아니마anima(남성의 무의식에 내재한 여성성 - 옮긴이)의 표상이다. 아니마는 항상 에로

마르틴 폰 포이어슈타인(1856~1931), 「성모영보」, 뮌헨 하일리히가이스트 성당

스eros와 관계가 있다. 융은 에로스에 세 단계가 있다고 보았다. 첫째는 충동을 대표하는 하와다. 둘째는 에로스를 발산하는 헬레나다. 마지막은 마리아로, 융에게 마리아는 에로스의 "천상적 관계, 다시 말해 그리스도교적–종교적 관계의 화신"이다. 마리아는 "에로스를 지극한 존경과 종교적 헌신으로 승화하여서 영적인 것이 되게 한다"(Jung XVI 185-86). 또한 융은 천상모후의 관을 쓰는 마리아를 연금술적 표상을 배경으로 바라보며, 마리아의 대관식을 인간이 하느님과 하나가 되는 거룩한 혼인 잔치라고 말한다. 마리아와 관계를 맺는 일은 아니마와 아니무스animus(여성의 무의식에 내재한 남성성 – 옮긴이)를 통합하는 길이자, 하늘과 땅이 화해하고 하느님과 인간이 화해하는 길이다. 하느님의 사랑에 온전히 젖어 들어서, 이른바 하느님을 낳는 '인간 변화'의 표상이 바로 마리아다. 이런 마리아에 대한 심층심리학적 시각을 오이겐 드레버만Eugen Drewermann은 루카복음서가 전하는 예수의 탄생과 유년을 해석하는 작업에서 전개했다. 물론 드레버만의 관심사는 마리아라는 인물보다는 예수가 동정녀의 몸에서 태어난 신비다. 그럼에도 드레버만은 고갱Gauguin이 그린 마리아 성화를 설명하며 마리아의 신비에 대한 자신의 관점을 분명히 드러냈다. "마돈나가 발을 디딘 땅에서, 세상은 인간의 원죄를 넘고, 환락과 도덕, 자연과 문화,

몸과 영의 분열을 넘어 새로운 낙원으로 그려질 뿐이다"(Drewermann 14).

영성의 길을 가는 사람을 인도할 때면 늘 마리아와의 관계가 대화의 주제가 되곤 한다. 자신을 여성으로 받아들이는 데 어려움을 호소하는 여성에게 나는 어린 시절 마리아 찬가를 들을 때 어떤 기분이었는지 물어본다. 마리아 찬가가 불러일으킨 보호받고 사랑받는 기분을 떠올리는 이들도 있고, 반대로 좋은 느낌을 받지 못했다고 하는 이들도 있다. 그들은 단 한 번도 마리아와 좋은 관계를 맺지 못했다. 마리아에게서 자신의 어머니를 보는 탓이다. 어머니가 성 문제에 대해 부자연스러운 사람이었다면 이러한 관계를 마리아 공경과 결부시키기 마련이다. 그래서 그들은 마리아 공경에 등을 돌리지 않을 수 없었다. 그럴 때는 예부터 전해 온 마리아 찬가를 지레 판단하지 않고 묵상하는 것이 도움이 된다. 어머니에게 받은 상처가 떠오를 것이다. 마리아 찬가를 통해 그들은 옛 상처에 다가가고 그것을 치유하고자 노력하게 될 것이다. 또한 지금껏 부정적인 기억만을 살피는 데 그쳤다면, 그들은 진정한 '여성됨'을 향해 나아가는 길에 마리아 찬가가 어떻게 도움이 되는지 알아차리게 될 것이다. 이렇게 해서 마리아와 완전히 새로운 관계를 맺는 사람들도 있다. 하지만 어린 시절에 경험한 마리아 공경의 부정적인 특성과 분명히 거리를 두는 것이 무엇보다 우선되어야 한다.

과거에는 여성들이 마리아에게서 자신의 존귀함을 발견했다. 마리아가 전례에서 중요한 역할을 한 덕분에 자신의 여성 됨에 대해 깊이 묵상할 수 있었다. 묵상을 통해 여성들은 각자의 내면에서 저마다 다른 측면을 발견했다. 어떤 여성들에게는 어머니 마리아가 중요했다. 어머니라는 자신의 정체성에 대해 성찰할 수 있었기 때문이다. 어떤 여성들은 자신의 내면에 안식해서 자신만의 평화를 누리는 자주적인 여성 마리아에게 크게 고무되었다. 또는 마리아에게서 보호하고 도와주는 존재를 발견하여 개인적 갈망을 청원하는 여성들도 있다. 물론 어떤 형태의 마리아 공경이든 그릇된 방향으로 어긋날 수 있다. 예컨대 나는 성적 억압을 정당화하기 위해 마리아 공경을 악용하는 여성들을 보았다. 게다가 마리아를 공경한다면서 남을 헐뜯기만 하는 호전적인 여성들도 보았다. 이는 잘못된 마리아 공경이지만, 그렇다고 건강한 마리아 공경을 그만둘 이유가 되는 것은 아니다. 마리아를 여성 됨의 표상으로 삼아 기꺼이 여성으로 살아가고자 하는 이들을 나는 알고 있다. 우리 어머니에게는 마리아 공경이 언제나 당연한 일이었다. 하지만 감상적인 신앙은 아니었다. 일곱 자식의 어머니였던 그분은 마리아에게서 자신을 다시금 발견했고 자신의 삶을 살아갈 힘을 얻었다.

유다인 철학자 발터 슈바르트Walter Schubart는 중세의 '기사도적 사랑'과 마리아 공경이 서로 밀접한 영향을 주고받았다고 보았고, 이러한 움직임이 당시 위계질서를 무너뜨렸다고 말했다. "그때까지는 사회적 위계질서가 남녀 관계를 규정했다. 그런데 그저 멸시와 무시의 대상이었던 여성이 갑작스레 남성보다 우월한 위치에 올라섰다. 남성들이 제 존재 가치의 근원으로 삼는 절대 가치가 되었다. 수백 년을 노예로 지낸 여성들이 여신이 되었다. 여성의 시대가 종말을 고한 이래 줄곧 감내해야 했던 오랜 종살이를 드디어 보상받았다"(Schubart 122). 슈바르트의 표현에는 어느 정도 과장이 섞여 있는 듯하다. 그럼에도 '여왕'이나 '외투로 보호하는 마돈나'같이 이 책에서 설명한 온갖 표상을 통해 자신의 모습을 드러낸 마리아는 수많은 여성에게 그들의 존귀함과 성적 매력은 물론, 영적 힘까지도 드러내 주었다. 이는 그들이 자신의 정체성을 찾는 데 큰 도움이 되었다. 오늘날에도 마리아는 남성들의 척도로 자신을 판단하는 대신, 자신의 고유한 가치를 발견하여 여성 됨에 기쁨을 느끼려는 여성들에게 도움을 줄 것이다.

40. 남성에게 마리아는

마리아를 공경하는 남성 중에는 마리아와의 관계가 성의 억압을 뜻하는 경우가 있다. 현실의 여성과 관계를 맺지 못하는 탓에 저 먼 곳에 있어 위험하지 않은 동정녀 마리아에게 도피하는 것이다. 하지만 다른 경우도 있다. 70년대에 나는 그라프 뒤르크하임Graf Dürckheim이 있는 독일 뤼테를 자주 찾았다. 뒤르크하임은 마리아와 건강한 관계를 맺는 일이 독신 남성에게도 매우 중요하다고 말했다. 그러한 관계 안에서 독신 남성은 여성에게 영감과 에로스적 에너지를 체험한다. 당시에는 이러한 말들이 나와 무관하다고 여겼다. 젊은 신학자로서 마리아에 대한 민간신앙에 회의적인 시절이었다. 뒤르크하임은 중세에 남성 존재와 사랑에 대해 독특한 문화를 불러일으킨 기사도적 사랑을 알려 주었다. 기사도적 사랑은 여성을 정복하지

로히르 반 데어 베이던(1399?~1464), 「동방 박사의 경배」(부분), 쾰른 부아세레 컬렉션

않으면서도 여성의 존귀함과 아름다움을 찬미한다. 슈바르트는 이러한 여성 공경에 "하느님을 향한 사랑이 숨어 있다"(Schubart 123)고 했다. 기사도적 사랑에 종교적 대응점이 바로 마리아 공경이었다. 그때까지 하느님의 어머니로 경배되던 마리아는 마돈나가 되었다. "신적 모성의 화신이던 마리아가 신적 구원을 불러오는 여성성의 상징으로 변화했다"(같은 책 124-25). 에로스적 요소를 내재한 마돈나 공경의 심리학적 효과에 대해 슈바르트는 이렇게 말했다. "에로스적 사랑을 하고 있는 남성에게는 사랑하는 상대에게서 더할 나위 없는 온전함을 보는 것이 크나큰 행복이다. 온전한 인간을 만남으로써 우리는 삶의 의미와 온 인류에 대한 믿음을 지킨다. 우리가 고귀함과 온전함을 만나는 데는 의미가 있다. 그 만남은 더욱 높은 '존재 질서'가 있다는 증거이자 상징이다"(같은 책 126). 물론 기도하는 자세로 마리아를 공경하는 데도 위험은 있다. 마리아는 치켜세우고 현실의 여성은 얕보는 것이다. 하지만 수많은 남성이 마리아 공경을 통해 여성을 더욱 소중히 여기게 되었다. 마리아는 남성들에게 여성의 존귀함과 신비를 섬세히 느끼게 해주었다.

마리아 공경은 남성들에게 긍정적으로 영향을 미쳐서, 자신의 아니마를 내면에 통합한 온전한 인간이 되게 한다. 되프너Döffner 추기경이 바로 그런 남성이다. 되프너 추기경은 투사였다. 교회를 위해 용감히 싸우며 사방에서 밀려드는 격렬한 반대에 맞섰다. 그렇지만 동시에 마리아와 건강하면서도 애정 어린 관계를 맺었다. 마리아 공경 덕에 되프너 추기경은 가혹한 투사로만 살지 않게 되었다. 마리아 공경이 추기경의 투쟁에 사랑과 온기를 불어넣은 것이다. 나는 우리 아버지에게서도 건강한 마리아 공경의 효력을 보았다. 아버지는 믿음이 두터운 분이었다. 독실한 척하는 이들과는 달랐다. 아버지는 삶의 중심을 지켰고 무엇이 사람들의 마음을 진정으로 위로하는지 알았다. 주일에 미사에 다녀오고 나면 그분은 로흐함에 있는 우리 집에서 5킬로미터 정도 떨어진 순례지, 마리아 아이히로 걸어갔다. 숲을 지나 다다른 경당에서 고요히 묵상할 때면 늘 마음이 기쁘다고 말씀하셨다. 그분은 묵상 중에 다른 세상으로 침잠했고, 그곳은 그분이 직장과 일곱 자녀를 둔 가정에서 가장으로 굳건히 설 수 있게 도와주었다. 마리아를 통해 자신의 마음에 맞닿은 아버지는 우리에게도 늘 자애로웠다. 사업이 위기에 처했던 시절에도 자애로움을 잃지 않았다.

남성들의 경우 마리아 공경이라는 주제는 흔히 어머니와의 관계에서 나타난다. 여기서도 지나친 애착 관계가 강한 마리아 신심과 뒤섞이곤 한다. 아들이 어머니에게서 정신적으로 분리할 때, 어릴 적 마리아와 연관 지었던 온갖 표상과 정서에서도 분리하게 된다. 그렇지만 아들이 어머니에게 사랑과 보호를 충분히 받지 못했다면, 마리아와의 관계를 통해 모성적 사랑과 보호를 어느 정도 충족할 수 있다. 반대로 마리아를 공경하는 과정에서 자신을 상실하거나, 마리아를 어머니의 대체자로 받아들일 위험도 있다. 그렇게 되면 남성의 정서 발달은 유아기에 머무른다. 융이 말했듯 마리아는 어머니의 사랑을 상징할 뿐 대신해 주지는 않는다. 어머니의 사랑이 어떠한 상징에 전이될 때만, 그 사랑이 변화하여 우리가 그 사랑의 샘에서 물을 길어 마시고 성숙한 인간으로 성장하게 된다.

    남성들과 영적 동행을 할 때면, 나는 그들이 어린 시절 마리아 공경을 어떻게 체험했는지, 마리아 찬가를 부를 때 무엇을 느꼈는지 그리고 성모의 밤을 어떻게 받아들였는지 묻곤 한다. 어떤 남성들은 마리아를 공경하며 느꼈던 보살핌을 떠올린다. 자신의 어머니에게서 한 번도 받아 보지 못했던 보살핌에 대한 갈망이 성모의 밤 행사에서 드러난 것이다. 그들은 어릴 때 불렀던 마리아 찬가를 묵상하며 자신의 고유한 감정과 만난다. 그리고 자신이 갈망했던 보살핌을 어머니에게서 찾으려는 헛된 집착에서 자유로워진다. 그들은 바로 자신의 내면에 있는 사랑과 만난다. 마리아 찬가는 자신의 내면에 있는 따스함과 보살핌을 느끼게 한다. 그렇게 하여 자신의 내면에서 고향을 발견하고, 자신의 성애를 영성과 통합하는 법을 배운다. 물론 여성과 건강한 관계를 형성하지 못하는 불능을 마리아 공경으로 대체하려 해서는 안 된다. 도리어 마리아 공경을 통해 여성만이 자신의 근원적 갈망을 채워 주리라는 집착에서 자유로워져야 한다. 애정 어린 보살핌을 자신의 내면에서 느끼는 사람은 여성을 정복하려 하지 않고도 친밀한 관계를 누릴 수 있다. 따라서 건강한 마리아 공경은 남성이 여성과 개방적이고 자유로운 관계를 맺도록 돕는다. 하지만 마리아에게 열광하는 것에 나는 늘 회의적이다. 그러한 남성들과 대화를 나누다 보면, 열광적인 마리아 공경 뒤에는 성적 억압이나 성숙한 자세로 성애를 대하지 못하는 불능이 숨어 있다는 사실을 발견하곤 한다. 그렇지만 건강한 마리아 공경은 수많은 남성에게 자신의 성애를 영성에 통합하는 길이자, 자신의 아니마를 내면에서 발휘하는 길이 된다.

맺으며

누구나 마음속에 여러 표상을 품고 살아간다. 자신을 어떻게 느끼고 판단할지, 자신의 삶을 어떻게 성취할지가 이러한 표상에 달려 있다. 흔히 우리 내면에는 스스로를 나락으로 이끄는 표상이 있다. 예컨대 실패한 인간, 매력 없이 그저 그런 인간, 버림받은 인간, 죄지은 인간, 손해만 보는 인간이라는 표상이 그러하다. 또한 우리를 힘겹게 하는 표상도 있다. 타인이 우리에게 뒤집어씌운 것들이다. 부모나 교사, 친구들은 우리에게 어떠한 기대를 거는데 우리는 그러한 기대를 내면화한다. 타인의 기대는 우리를 코르셋처럼 옥죈다. 하지만 우리는 채울 수 없으리라는 것을 안다. 그래서 항상 부족한 것만 같은 감정을 내면으로 느낀다.

우리에게는 자기상과 함께 하느님상도 있다. 우리의 하느님상은 대개 자기상과 일치한다. 완벽주의자라는 자기상이 있는 사람은 어떠한 실수도 용납하지 않는 완벽한 하느님상도 있기 마련이고, 삶을 계산적으로 사는 사람은 하느님도 그러리라 여기기 마련이다. 마찬가지로 스스로를 신뢰하지 못하면 자신의 변덕을 하느님에게 투사해서 그분을 제멋대로고 믿을 수 없는 분으로 체험하게 된다. 자신의 자기상에 어긋나는 행위를 죄다 벌하기만 하는 사람은 하느님도 심판하고 처벌하는 분으로 생각한다.

우리는 마리아 표상을 통해 하느님상과 인간상을 만나고 어머니처럼 다정한 하느님을 직감한다. 또한 마리아 표상을 바라보며 우리의 아니마와 영적 잠재력을 만나고, 우리에게 있는 어머니같이 다정한 측면과 임금같이 고귀한 측면, 관상적인 측면을 접한다. 마리아 표상은 우리에게 무리하게 요구하지 않는다. 오히려 자신을 낙관하고, 신뢰하며, 의심하지 않게 한다. 예술과 미사 전례와 민간신앙으로 드러난 마리아 표상은 우리에게 좋은 영향을 미친다. 우리는 마리아 곁에서 존중받고 보호받는 기분과 자신의 존귀함과 잠재력을 신뢰하라고 부르심 받는 기분을 느낀다.

그리스도교는 십자가를 앞세워 공격적인 하느님상을 내세우기만 한다고 비판받는다. 하지만 초기 교회에서 십자가는 잔혹함이 아니라 확신과 희망의 표징이었다. 요한 복음서의 관점에 따르면 십자가는 우리 안에 있는 온갖 모순을 하느님께서 당신 사랑으로 가득 채우신다는 표징이다. 그런데 예술사의 흐름에 따라 십자가 표현에 고난과 폭력의 성격이 짙어졌다. 그렇지만 교회에는 늘 마리아 성화가 있었다. 마리아 성화는 전혀 다른 분위기를 자아낸다. 다정하고, 사랑스러우며, 자비롭고, 부드러운 그 무엇을 발산한다. 그리하여 하느님상에, 그리스도교의 신앙과 감성에 여성적 차원을 부여한다.

    이 책을 위해 가려낸 40가지 마리아 표상을 통해 우리는 예수 그리스도의 구원에 대한 믿음을 낙관적이고 긍정적으로 바라보게 된다. 마리아에게 마음을 열면 우리는 세상을 달리 보게 된다. 자신뿐 아니라 주위 사람도 다른 눈으로 보게 되는 것이다. 또한 우리의 하느님상이 변화할 것이다. 그리고 이렇게 변화한 하느님상이 우리에게 좋은 영향을 미치며 인간 존재를 풍요롭게 하는 것을 실감할 것이다. 그래서 나는 바라건대, 남녀 독자들이 이런저런 표상들에 마음을 열어 자신의 내면에서 새로운 측면을 발견하고 지금껏 들어 보지 못한 울림을 만들어 냈으면 좋겠다. 독자들은 분명 주위에서 마리아 표상을 만날 것이다. 그때마다 그저 바라보며 마음속에 배어들게 하면 된다. 마리아 표상이 자신의 마음에 무엇을 불러일으키는지 섬세히 살펴야 한다. 그러면 옛 상처에 다가갈지도 모른다. 어머니 같은 하느님 앞에서 살펴볼 때 그 상처는 변화한다. 아니면 마리아 성화를 바라볼 때 영혼으로부터 그저 기쁨이 솟아오를지도 모른다. 하느님께서 몸소 어루만지시고, 당신의 거처로 선택하셨으며, 어머니처럼 다정한 당신의 사랑으로 가득 채우시는 여성과 남성이라는 기쁨이 솟아오를 것이다. 우리는 마리아처럼 이 세상에 사랑의 흔적을 더욱 깊이 새겨 넣으라고 부름 받은 사람이다.

참고문헌

Eugen DREWERMANN, *Dein Name ist wie der Geschmack des Lebens. Tiefenpsychologische Deutung der Kindheitsgeschichte nach dem Lukasevangelium*, Freiburg 1986.

Anselm GRÜN - Petra REITZ, *Marienfeste. Wegweiser zum Leben*, Münsterschwarzach 1987.

Karl KOLB, *Eleusa. 2000 Jahre Madonnenbild*, Tauberbischofsheim 1968.

Johannes THIELE (Hrsg.), *Die andere Maria. Neue Zugänge*, Freiburg 1987.

Remigius BÄUMER - Leo SHEFFCZYK (Hrsg.), *Marienlexikon*, 5 Bände, St. Ottilien 1988-1994.

Klaus SCHREINER, *Maria. Jungfrau, Mutter, Herrscherin*, München 1994.

Walter SCHUBART, *Religion und Eros*, München 1941.

Schwarze Madonna. Nachlese zu einem Bildungszyklus im Gwatt-Zentrum 1996-1998.

Hannelore SACHS - Ernst BADSTÜBNER - Helga NEUMANN (Hrsg.), *Wörterbuch der christlichen Ikonographie*, Regensburg 2004.